明治維新とは何だったのか

——世界史から考える

半藤一利

出口治明

立命館アジア太平洋大学（APU）学長

祥伝社

明治維新とは何だったのか

まえがき

二〇一八年は、近代の日本がスタートした明治維新から数えて一五〇年の節目に当たります。

僕は半藤一利《はんどうかずとし》先生の『幕末史』（新潮文庫）を読んだとき、まさに目が開かれる思いがしました。祥伝社書籍編集部の栗原和子さんから対談のお話をいただいたとき、二つ返事で引き受けたのは、半藤先生に明治維新についてもっと教えていただきたいという気持ちが強かったからです。

半藤先生は僕の稚拙な質問にも噛《か》んで含めるように丁寧に答えてくださいました。本当にありがとうございました。こうして出来上がったのがこの本です。半藤先生の含蓄に富んだお話を伺って、明治維新やそれを推進した人々の輪郭がよりクリアに、より明確になった気がしています。

本書が、読者の皆さんが少しでも明治維新に興味を持つきっかけになれば、これほどうれしいことはありません。

皆さんの本書に対する忌憚《きたん》のないご意見をお待ちしています。

（宛先）hal.deguchi.d@gmail.com

二〇一八年三月

立命館アジア太平洋大学（ＡＰＵ）学長

出口《でぐち》治明《はるあき》

明治維新とは何だったのか
目次

[第2章]「御一新」は革命か内乱か——63

［第３章］

幕末の志士たちは何を見ていたのか――121

[第4章]「近代日本」とは何か――193

装丁　フロッグキングスタジオ
カバー・帯写真　津田聡

［第1章］

幕末の動乱を生み出したもの

ペリーの黒船はなぜ日本へ来たのか

出口　一八六八年の明治維新から、今年（二〇一八年）でちょうど一五〇年となります。この機会に、いわゆる明治維新とは何だったのかをあらためて半藤先生に教えていただこうと思ったのですが、半藤先生はあれを「明治維新」とはお呼びにならないんですね。

半藤　そこはこの対談の主題に関わる話ですから、ここでは詳しく申し上げませんが、少なくとも慶応《けいおう》から明治に改元された前後に「明治維新」という言葉は存在しなかったんです。どんな文献を見ても、そんな言葉はありません。何か呼称があったとしても、せいぜい「御一新《ごいっしん》」ですね。

それが明治維新と呼ばれるようになったのは、明治一三〜一四年頃のこと。新政府が、自分たちのやったことを正当化するために中国の古典から見つけてきた「維新」という良い言葉を使うようになったのだろうと思います。

出口　たしかに、どう呼ぶかは物事の本質に関わりますね。僕は、フランスにならって、価値中立的な「第一立憲政」の成立と呼んでもいいかなと思っているのですが、維新（これあらた）とはたしか『詩経《しきよう》』にある言葉ですね。ともあれ、その本題に迫っていくためには、まずは幕末の動乱をもたらした一八五三年（嘉永《かえい》六年）の黒船来航から話を始めたいと思います。半藤先生は、マシュー・ペリーがなぜ艦隊を率いて日本に来たとお考えですか。

半藤　いきなり一言で答えるわけにはいかない難しい話ですね（笑）。あのときペリーの東インド艦隊は、まず沖縄に行きました。さらに小笠原《おがさわら》に行ってから、浦賀《うらが》沖に来たんですね。何をしに来たかというと、これについてはアメリカ合衆国のフィルモア大統領からペリーへの命令書があります。ちょっとそれを読み上げてみましょう。

「我が政府はこの遠征によって我が国のためならず排他的な商業上の利益を獲得しようと求めるものではない。この遠征によって我が国が収得すべき利益は、やがて文明社会全般が享受すべきものである。艦隊司令長官は全兵力を率いて日本に赴《おもむ》き、もっとも適当と思える地に寄港し、大統領から託《たく》された親書を伝えるよう命令する」

この命令書をそのまま信じれば、アメリカは先にアジア諸国を植民地化していた西洋列強のあいだに割り込んで日本を植民地化しようとしたのではなく、全世界のためになるような交易を始めようとした。そう受け取れるんですね。

出口　素直に読めば、そうですよね。

半藤　はい。しかし当時、アメリカは太平洋の通商で一歩も二歩も遅れを取っていました。すでにイギリス、フランス、オランダなどが航路を開拓していたので、アメリカに残っていたのは日本ぐらいしかなかったんですね。そこで日本を、蒸気船の燃料である石炭の補給地にしたかった。それが日本に来た理由のひとつですね。また、当時は捕鯨が盛んでしたから、捕鯨船の寄港地も必要でした。燃料や食糧の補給に加えて、怪我《けが》や病気をした乗組員を保護する場所が必要だったんです。それが二つ目の理由。

もうひとつは、アジア市場争奪戦にアメリカも乗り出すにあたって、シーパワーを身につけるために、日本列島に基地を置きたかった。私が調べた範囲では、以上の三つがペリーを日本に送り込んだ理由です。しかし、いちばんの目的は三番目のシーパワーの獲得です。大統領の命令書を少し裏返すと、そういうふうに読めるんじゃないかと思います。

それで、もし日本の開港が不成功に終わった場合は、琉球《りゅうきゅう》列島を征服してアメリカの領土にするつもりだったようですね。さらに、あわよくば小笠原も領土にしようと考えていたフシがある。なぜそう思えるかというと、日本の浦賀奉行《ぶぎょう》との交渉の席で、ペリーの口から「小笠原諸島は空き家だ」という言葉が出ているんです。

出口　つまり、いまはまだ誰のものでもない、と。自分たちが占領すれば、自分たちのものになる、と。

半藤　ええ。つまり、「われわれアメリカが小笠原を獲《と》っても文句を言われる筋合いはないが、おまえらはそれがわかっているのか」と脅《おど》したわけです。面白いのは、そのときにあたふたとした幕府の役人たちのなかで開明的な役人が、幕府の蕃書調所《ばんしょしらべしょ》の図書館からある本を探し出して反論に使ったという話があるんです。高山彦九郎《たかやまひこくろう》、蒲生君平《がもうくんぺい》と並んで「寛政《かんせい》の三奇人」と称された林子平《はやししへい》（江戸時代後期の経世論家《けいせいろんか》）が書いた『三国通覧図説《さんごくつうらんずせつ》』（朝鮮・琉球・蝦夷《えぞ》と付近の島々についての風俗などを挿絵《さしえ》入りで解説した書物）のフランス語訳です。そこには、すでに小笠原諸島には小笠原貞頼《さだより》という人物が上陸して日本の国旗を立てたと書いてある。

出口　その人物の名前が島の名前になったわけですね。

半藤　その本をペリーに見せて、いまは無人島ではあるが小笠原は日本の領土にほかならない、と主張したというわけです。そうしたらペリーが、「なんだ、おまえたちもそれを知っていたのか」と言って引き下がったという笑い話なんですが、これはどうも事実のようですね。その本を探し出した役人の名前もわかっています。そのおかげで、小笠原はアメリカの領土にされる可能性がなくなりました。しかし琉球にはその可能性があったんです。ただし琉球のほうは薩摩《さつま》藩が頑張っていたので、ペリーは琉球の武力占領を考えていなかったという説もありますね。私は、かなり本気で考えていたと思っていますが。

最大の目的は太平洋航路の開拓

出口　おそらく半藤先生のおっしゃるとおりでしょうね。アメリカ東海岸のノーフォーク港から出発したペリーは、大西洋を横断してアフリカ大陸北西部に近いマディラ諸島に立ち寄り、喜望峰《きぼうほう》やインド洋を回って日本まで来ました。当時のアメリカは大英帝国にならって工業立国を目指しており、中国の巨大な人口に目をつけて、中国市場を門戸開放させようとして先行する大英帝国と争っていたわけですが、このルートを使っているかぎり、大英帝国には絶対に勝てません。なぜなら大西洋を横断する分だけ、船賃が大英帝国より余計にかかってしまうからです。だからアメリカには、太平洋航路を開かなければいけないという明確な国家戦略がありました。でも、大統領の命令書に「自分たちの国益のために太平洋航路を開く」などと書くのはカッコ悪いので（笑）、表向きは「利益はやがて文明社会全般が享受すべきものである」と書くんですね。しかし日本を経由して太平洋航路を開けば、その向こうにあるのはアメリカです。ヨーロッパはその先の大西洋側にあるのですから。

半藤　いちばん得するのはアメリカですね。

出口　ですから、新しく北回りの太平洋航路を開くことで覇権《はけん》国になろうという世界戦略をアメリカが明確に持っていたのは確実です。ペリーが連れて来たのは、当時の最新鋭艦ですよね。

半藤　そうです。四隻のうち、サスケハナ号とミシシッピ号は、最新鋭艦の中でもトップクラスの蒸気外輪フリゲートでした。

出口　昭和の日本海軍でいえば、戦艦大和《やまと》と

ミシシッピ号は、アメリカ＝メキシコ戦争（1846～48、テキサスなどを獲得）で、メキシコ湾艦隊の旗艦だった。
ⓒbridgeman images/amanaimages

武蔵《むさし》を一緒に連れて来たようなものでしょう。なぜアメリカ海軍の中でもいちばん強力な船を連れて来たかといえば、それだけアメリカの国益にとって重要な任務だったからです。もちろん国書には捕鯨のことも書かれていましたが、そのウエイトは小さかった。いちばん大きな目的は、太平洋航路の開拓ですよね。

半藤　しかし、よその文明国にほとんどの寄港地を取られていたので、日本がポコンと浮かび上がったわけです。

出口　残っていたのは、それこそ琉球列島と日本列島ぐらいでしたからね。

半藤　あとは小笠原。太平洋に面しているのはそれぐらいです。

【図１】ミシシッピ号の航路

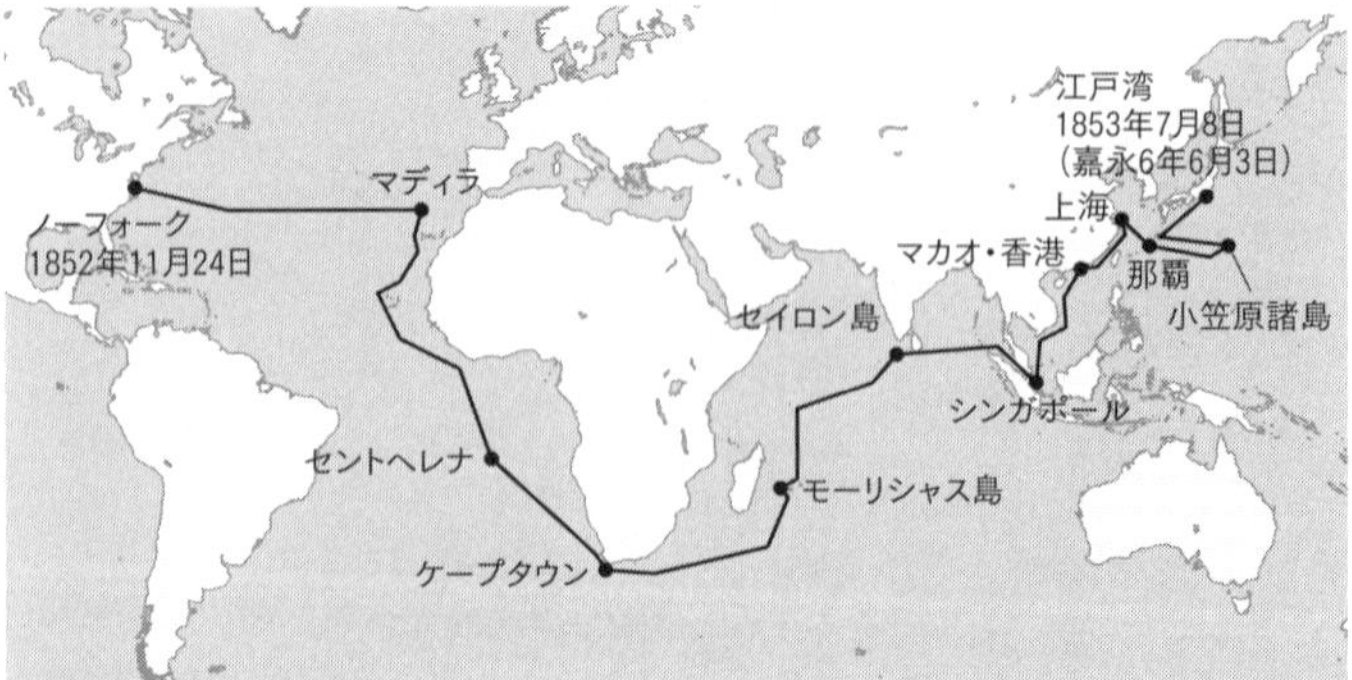

日本財団図書館からの引用（https://nippon.zaidan.info/seikabutsu/2003/00915/contents/0004.htm）を元に作成。

出口 そのうちのどこかを開港させれば、アメリカから最短距離でアジアに行ける。

半藤 そういうことです。これまで日本では、ペリー来航の主目的は捕鯨の基地を得ることだといわれていたんですが、実はそうじゃない。出口さんがおっしゃるとおり、太平洋航路を開拓することが最大の目的だったんですね。つまりシーパワー。シーパワーを武力とだけ考えている人が多いけど、本来の意味は交通路の確保と通商路の拡大です。

出口 捕鯨のことは、付け足しのようなものでしょう。あるいは、交渉のための口実だったのかもしれません。長く鎖国している日本に来て、いきなり「万国のためにアメリカが太平洋航路を開くのである」などと話すと、徳川幕府がビックリしてしまいますからね。まずは「捕鯨のことで相談が」と無難な話から始めた可能性があります。

半藤 たぶん、捕鯨のことを先に話しただろうと思いますね。

出口 企業同士の交渉でも、いきなり商売の生臭い話などは持ち出さず、最初はお天気の話から入りますからね（笑）。

半藤 つまり、捕鯨の話は挨拶代わりだった。

出口 捕鯨船の乗組員たちを助けてほしいという話は、国益とはあまり関係のない人道的な問題ですからね。「可哀想な漁師たちに水や食糧を」と頼めば、相手も警戒感を抱かずに受け入れやすいと考えたのでしょう。

市民戦争（南北戦争）後に急成長したアメリカ経済

半藤　寄港地として使えそうな場所が日本しか空《あ》いてなかったのはたしかです。だからペリーは、日本のことを実によく勉強していました。

出口　なにしろ国益がかかっていますから、当然、コロン（コロンブス）の探検とは重みが違いますよね。

半藤　それはもう、「こんなに勉強してきたか」と驚くほどですよ。ペリーは自分の本にこんなことを書いています。「とにかく日本人は勿体《もったい》ぶった、優越的な態度を取る民族であるから、他国民も尊厳を保つ法を知っており、日本人を勇者とは認めていないことを存分に知らしめてやる必要がある」（『ペリー提督日本遠征記』）と。つまり、ガッと頭から押さえつけるぐらいの強い態度で出たほうが日本人は言うことを聞く、というわけです。

出口　それもあって、いちばん新しい船を連れて来たんですね。

半藤　そうなんです。二隻の最新鋭艦で、日本人を脅かしたんですね。実際それが効いたわけですよ。そういう意味では、よく日本というものを研究し、どういう国かを理解していたのだと思います。

出口　たまたまフラリと現われたというような甘いものではないですよね。強国が国益のために明確な世界戦略に基づいてやって来た。

半藤　日本に港を開かせて、そこをアメリカの根拠地にするという明確な目的がありました。だから強硬なんですよ。

出口　当時の世界情勢については、連合王国（イギリス）の経済学者アンガス・マディソンの『経済統計で見る世界経済２０００年史』にある世界のＧ

【図2】世界の主要国の実質GDPのシェア比較

年度／国名	1600	1700（元禄前後）	1820	1870（アメリカ南北戦争後）	1913	1950	1998
日本	2.9	4.1	3.0	2.3	2.6	3.0	7.7
連合王国	1.8	2.9	5.2	9.1	8.3	6.5	3.3
フランス	4.7	5.7	5.5	6.5	5.3	4.1	3.4
ドイツ	3.8	3.6	3.8	6.5	8.8	5.0	4.3
ネーデルランド	0.6	1.1	0.6	0.9	0.9	1.1	0.9
アメリカ	0.2	0.1	1.8	8.9	19.1	27.3	21.9
旧ソ連	3.5	4.4	5.4	7.6	8.6	9.6	3.4
中国	29.2	22.3	32.9	17.2	8.9	4.5	11.5
インド	22.6	24.4	16.0	12.2	7.6	4.2	5.0

（世界総計に占めるシェア、％）

アンガス・マディソン著『経済統計で見る世界経済2000年史』（政治経済研究所訳、柏書房、2004年）より作成。

DPシェアを見るとだいたいの概要がつかめます（図2）。アメリカは市民戦争（南北戦争。一八六一〜一八六五）を終えてから飛躍的に成長を加速して、世界に占めるGDPシェアが急上昇していました。

そもそも市民戦争は何をめぐって争っていたのかというと、まず南部の富裕な農場主たちは「工業なんか無理してやらんでもええやんか。工業製品はイングランドから買ってくればええんやから」という立場だったんですね。彼らは『風と共に去りぬ』のスカーレット・オハラのような生活をしていたので、わざわざ自分たちで品質の悪いものを作らなくても、外国から輸入すればいいと考える。綿花などの農産物をたくさん輸出していましたから、工業製品はイングランドから買えばいいわけです。つまり徹底した自由貿易の立場ですね。

それに対して、北部は工業化を進めつつあったので、保護貿易派なんですよ。いまイングランドと自由競争をしたらせっかく育成を始めた産業が潰《つぶ》れてしまうので、保護しないといけない。ですから市民戦争は、自由貿易対保護貿易の争いだったんです。そこで保護貿易を求める北部が勝ったことで、アメリカの工業化は急速に進みました。アメリカは人口も多いし土地も広いので、生産力が急激に上がります。すると、やはり世界との貿易に乗り出さざるを得ません。とくに広大な中国との貿易は本当にオイシイですからね。たくさん製品が売れるので、中国市場の門戸開放を求める。ところが大西洋から行くと船賃がかかる。

半藤　あまりにも遠いんですよね。

出口　しかもインド・セイロンやシンガポールや香港《ホンコン》などの重要な寄港地はみんな大英帝国が押さえているので、アメリカ船が使わせてもらおうとしても、高額な使用料を求められる可能性があります。だから、独自のルートを開くしかない。黒船来航の意味は、そういう十九世紀後半の世界情勢を踏まえて考えなければいけません。産業革命によって欧米の先進国が工業化し、どんどん世界中に販路を拡げている状況下で、ナンバー1の大英帝国と新興のナンバー2のアメリカが中国市場をめぐって争っていたわけです。そういう背景の中でアメリカはペリーを日本に行かせるという決断をした。

半藤　シーパワーというと武力だけのように解釈されることが多いのですが、実は通商がシーパワーの基本なんですよね。通商をしっかりやるために、それを守るための武力が必要になる。そういうシーパワーの争奪戦だと考えないといけないですね。

出口　要するに、根本は商売の話だと僕は思うんですよ。

半藤　はい。商売のために、武力が必要となる。政治の延長に武力がある。ペリーが来たのは、明らかにアメリカのシーパワーを太平洋に開拓するためです。

出口　それは誠に的確なご指摘だと思います。たとえば、九世紀から十一世紀にかけて西ヨーロッパ沿海部を荒らしまわったバイキングも、そもそもは商売がスタートだったんですよ。

ノルマン人が住む北方の国では小麦などの穀物があまり採れないので、イングランドやフランスに行って魚と交換するんですね。それがちゃんと商売として成り立てばいいんですが、イングランド人やフランス人は「北のほうから薄汚い連中が来た」などと小バカにして、不公平な取引をするわけです。バイキングが海岸に魚を詰めた箱を置いておくと、それを取って代わりに小麦の入った箱を置いていくんですが、バイキングが船に戻って開けてみると、表面だけ麦が敷き詰めてあって、その下には砂が詰まっていたりする。

これではバイキングのほうも、「あんな奴らはボコボコに殴《なぐ》ってやらないと商売にならんな」と思いますよね。理不尽な相手と交易をするにはどうしても武力が必要になるので、バイキングは武装したのです。

武力を使えば何でも奪い取れて得するように思われるかもしれませんが、相手だって殴られるのはイヤだから武装して抵抗しますよね。だから、たとえ勝ったとしても双方にたくさんの犠牲者が出る。それなら最初からフェアに交易をしたほうがお互いにハッピーです。武力を使うのは、交易がスムーズに行なえないときだけ。だから当時のアメリカも、半藤先生のおっしゃるとおり、通商をもっとスムーズに行ないたいがために武力をちらつかせたんだと思うのです。

半藤　そういうことだと思います。

起きて困ることは「起こらない」と思い込む日本人

出口　そこで気になるのは、当時の日本の幕府がヨーロッパやアメリカの国力をどれぐらいわかっていたのかという問題です。それによって、当然、対応は違ってきますよね。

半藤　ヨーロッパの武力が凄《すご》いものであることは、徳川幕府はかなりわかっていたようです。じゃあ、そのための準備をしていたかといえば、していたような、していなかったような……。そのあたりが、当時の幕府ののんびりしたところですね。「まだ先の話だ」と思っていたようですが。

出口　砲台などを造っていますよね。

半藤　そうです。船も、薩摩藩あたりが一所懸命に考えて造っていました。ただ、蒸気船のことは知らなかったんですよ。しかし幕府もかなりのところまで承知はしていて、私の調べた範囲では、長崎のオランダ商館の館長にアメリカのことで「特別の便宜《べんぎ》を図《はか》ってもらいたい」という書を送っています。それでオランダから幕府に全部で六回の情報提供があったんですが、その中でいちばん早いのは嘉永三年（一八五〇年）六月。

出口　ペリー来航の三年前ですね。

半藤　そうなんです。さらに嘉永五年（一八五二年）にオランダ商館が幕府に送った三通目の書簡では、アメリカ艦隊の大将としてペリーの名前が出ています。いちばん最後、嘉永六年五月の六通目では、ペリー艦隊の編成も知らせていたようです。

出口　ペリーが浦賀沖に来たのはその年の七月ですから、二カ月前にはペリー艦隊の編成もわかっていたんですね。当然、ネーデルランド（オランダ）はアメリカの国力についても幕府に教えていますよね。

半藤　もちろん、教えています。

出口　今度来る奴らは我々よりはるかに大きい国だから大変だぜ、とか。

半藤　はい。ところが、これが日本人の良いところなのか悪いところなのか、「起きて困ることは起こらない」と思い込んでしまうんですね。これは、太平洋戦争も同じなんですけど。起きたら困るなら準備をすればいいのに、「起きないんじゃないか」と主観的かつ楽観的にいいほうにいいほうにと考えて対応をズルズル引っ張ってしまうんです。

出口　でも、そうやって先送りをしていても、幕府中枢の役人たちはアメリカという国の大きさや強さを知っていたわけですよね。

半藤　どこまで知っていたかはわかりません。オランダ商館に何遍も聞いてはいるんですが、オランダのほうもあまり知らなかったみたいですよ。それに対してペリーのほうは、シーボルトの『日本』、ケンペルの『日本誌』、ゴローニンの『日本俘虜《ふりよ》実記』、マクファーレンの『日本、その地理と歴史』などの文献もすべて読んで頭に入れていました。

だからペリーは、日本という国との交渉でどう振る舞えばいいかも考えていたんですよ。たとえば、大将は後ろに引っ込んで、なかなか表に出てこないほうがいい。神秘化して、「相手の大将はどんな凄い奴なんだ」と思わせたほうが交渉が有利に運ぶ。そんなことまで研究していました。これはのちに、マッカーサーがそっくりそのまま真似しましたけどね。実際、黒船が来てからペリーが出てくるまで、ずいぶん時間がかかりました。

出口　ペリーの日本研究を一〇〇としたら、幕府のアメリカ研究は二〇か三〇ぐらいでしょうか。

半藤　一〇か一五ぐらいじゃないですか（笑）。そんなもんだと思いますよ。

出口　それではなかなか勝負には勝てませんね。昔から、「彼《かれ》を知り己《おのれ》を知れば百戦殆《あや》うからず」（『孫子』）といいますからね。

いち早く開国を決意した阿部正弘《あべまさひろ》の開明性

出口　大英帝国と中国のアヘン戦争（一八四〇～一八四二）の情報は、どの程度まで正確に日本に伝わっていたんでしょう。

半藤　これはかなり詳しく入っていたようですよ。たとえば中国のアヘン輸入量もわかっています。一七七三年に一〇〇〇箱だったのが、一八二一年には六〇〇〇箱、一八三五年には三万箱、一八四〇年には四万箱。アヘン中毒者が一年に消費する量はだいたい一箱だとすると、三万人がアヘンを吸っていることになる。そんなことまで日本で把握《はあく》できていたようです。

出口　じゃあ、アヘン戦争の成り行きもわかっていたでしょうね。

半藤　ええ。イギリスは軍艦一六隻、輸送船や病院船などが三二隻、陸兵は約四〇〇〇人という陣容で戦争を開始。清《しん》国はコテンパンにやられて香港を取られ、五つの港を開港させられた。そういうことも全部わかっていました。なぜ、清国は戦力的に強大なのに敗れたのか。開明的な人たちには、それは封建制という国全体の成り立ちにあるとわかっていました。清国は省の境を越えると、もうおのれの「国」じゃありません。強大な兵力はバラバラなんですよ。

出口　ということは、当時の幕臣たちにも、もしアメリカが日本に来て戦《いくさ》になったら、

福山誠之館同窓会蔵

阿部正弘◎（あべまさひろ／一八一九［文政二］〜一八五七［安政四］）老中。備後国福山藩主。二五歳で老中に抜擢され、水野忠邦失脚後、老中首座となる。海岸防御御用掛を設置し、外交・国防問題に当たる。一八五三年（嘉永六）のペリー来航時、合衆国大統領親書を受け取り、翌年に日米和親条約を締結して日本を開国に導く。品川台場の築造、講武所・長崎海軍伝習所・蕃書調所の設立、西洋砲術の推進などの新政策（安政の改革）を実施。一八五七年、江戸で急死。享年三九歳。

清の二の舞になるかもしれないという認識はあったんですね。

半藤　あったと思いますね。日本だって清国同様、三〇〇諸侯が治める藩はバラバラですからね。当時、佐久間《さくま》象山《しょうざん》（一八一一〜一八六四）がこんな漢詩をつくって警鐘を鳴らしているんですよ。私が訳したものを読みましょう。

外国船が我が江戸湾を勝手に動き回ってる。
君臣としてボンヤリしてる時ではないぞ。
我が忠義の魂、清国の武の発揮を求めている。
また我が功名心は外国の企《たくら》みを撃破すべしと言っている。
江戸の防備についてはかつて私が策を述べたことがある。
また南海に船を購入して乗り出すことも計画したことがある。
しかしそうした防備が滞《とどこお》りなく進んでいるという話は聞いていない。
ああ、誰が私の憂慮を速《すみ》やかに解き放ってくれるだろうか。

出口　相当な危機感が滲《にじ》み出ていますね。当然、幕府の官僚も何か手を打たなければならないということはわかっていたでしょう。

半藤　知識としてはあったと思いますね。でも、「起きると困る」が「起きないといいな」

になって、やがて「起きないかもしれない」「起きないに違いない」になってしまうんですよ。そういう意識でいた幕府にとって、黒船は「突然来た」ようなものです。

出口　そうですね。知ってはいても「来ないに違いない」と思っていたのなら、突然の出来事ということになってしまいます。

半藤　ええ。ただ、オランダから最初にアメリカに関する情報が来たときには、周章狼《しゅうしょうろう》狽《ばい》したらしいですね。どうしたらいいかわからないので。ところが、それから三年が経っても来ないので、「もう来ないだろう」となってしまった。

出口　でも実際に来てしまったら、具体的に対応せざるを得ません。わが国に黒船が来て

国立国会図書館蔵

佐久間象山◎（さくましょうざん／一八一一［文化八］～一八六四［元治元］）思想家・兵学者。信濃国松代藩士。儒者・漢学者の佐藤一斎に学ぶ。のちに蘭学・砲術に精通し、江戸に塾を開いて海防の急務を論じる。藩主真田幸貫より海外事情の研究を命じられて「海防八策」を上書。吉田松陰の密航計画に連座し、蟄居《ちっきょ》。幕府の命を受けて上洛し開国論を主張するが、攘夷論者に暗殺される。門下に勝海舟・吉田松陰らがいる。

いるのに目をつぶって「来ていない来ていない」というわけにはいきませんからね。これは判断に迷うところですが、幕府はわりと早く開国の判断をしたと見るべきなのか、万策尽きてやむなく開国したと見るべきなのか、半藤先生はどのようにお考えですか。

半藤　私は、阿部伊勢守《いせのかみ》正弘という三五歳の若い老中《ろうじゅう》が非常に開明的な人物で、彼がいち早く開国を決心したと思いますね。

出口　そうですね。僕もそう思います。老中首座《しゅざ》という立場は、今でいえば首相に当たると思うのですが、阿部正弘は、「来てしまったらジタバタしてもしようがない」と腹をくくったのではないでしょうか。彼は、二五歳の若さで老中になり、老中に再任された天保《てんぽう》の改革の水野忠邦《みずのただくに》と争って水野を追い落とし二七歳で老中首座に就きました。相当、腹の据《す》わった人物だったのでしょう。

半藤　いまさら何をしても間に合いませんからね。

出口　すでにペリーが来た時点で、「開国」して産業を興し、交易を行なって「富国」を実現し、そのお金で「強兵」を養う。この三つの柱でこの国を立て直すしかない、と覚悟を決めたような感じがします。その後のいわゆる安政《あんせい》の改革で、勝海舟《かつかいしゅう》、大久保忠寛《おおくぼただひろ》、高島秋帆《たかしましゅうはん》などの開明派を登用して、講武所《こうぶしょ》（一八五四年。陸軍の前身）、長崎海軍伝習所《でんしゅうじょ》（一八五五年。海軍の前身）、蕃書調所（一八五六年。開成所《かいせいじょ》を経て東京大学に繋《つな》がる）などを矢継ぎ早に創っているからです。明治維新の「開国」「富国」「強兵」というグランドデザインを描き、そのための準備に着手した阿部正弘は、明治維新の最大の功労者のひとりではないでしょうか。二〇〇年以上も続いた幕府伝統の海禁政策（鎖国）を、開国に持っていくだけでも大変なエネルギーを要したと思います。正反対の政策ですからね。

半藤　だから私も、阿部さんがもっと長く生きていたら、幕末はずいぶん違う流れになっただろうと思います。この人が早く死んじゃったんで、幕末のゴタゴタがよりおかしくなっちゃうんですよ。

出口　本当に立派な人ですよね。有為《ゆうい》な人材登用や人材育成策は、お見事の一語に尽きます。また開国に当たっては、朝廷や雄藩《ゆうはん》の外様大名《とざまだいみょう》にも意見を求めている。市井《しせい》の声も聞こうとしている。まさに「万機公論《ばんきこうろん》に決《けつ》すべし」（「五箇条の御誓文」第一条）を地で行っている。

一八五四年に創設された福山《ふくやま》藩の誠之館《せいしかん》では、藩士に限ることなく身分を超えて教育を行なおうとしています。

半藤　はい。福山藩の人ですが。

出口　福山藩は小藩ですよね。

半藤　これは幕府の昔からの方針で、八万石以上の人は老中にしないんです。

出口　大きな藩に権力を与えると幕府が危うくなりますからね。しかしそれにしても、小藩の出身でありながら、しかもあの若さでこういう思いきったグランドデザインを描けたことにはほとほと感心します。徳川幕府の海禁政策は二〇〇年以上の歴史を持つわけで、それを止めるというのは大変な決断だったと思います。やがて将軍となる慶喜《よしのぶ》の父、徳川斉昭《なりあき》は、当時の幕政を左右したカリスマ性と行動力を持ち合わせていた宿老で強硬な攘夷《じょうい》論を展開していましたが、阿部正弘の依頼を受けて海防参与に就任しています。反対派の意見にも黙って辛抱強く耳を傾ける人だったようです。阿部正弘は太っていたので正座が大の苦手だったようですが、それでも人の話を聴く時は正座を崩さなかったと伝えられています。そのような気配りもできたからこそ、大改革（回天）を成し遂げられたんですね。

半藤　たしかに、これはもう、単なる「改革」ではなく「革命」ですからね。しかし阿部さんは、そうせざるを得ないと肌身に沁みてわかっていたんじゃないでしょうか。

出口　希有《けう》な素質の持ち主だったんですね。

半藤　そう思いますね。でも、私が阿部正弘を褒《ほ》めると、怒る人たちもいるんですよ。

出口　どうして怒るんですか？

半藤　欧米列強を追い払わずに開国するなんて、日本はそんなに腰抜けな国ではない、当時の日本人はちゃんと戦おうとしたんだ、と思いたい人たちがいるんです。

出口　でも冷静に考えたら、その場合は清のようになる恐れがあったわけですからね。

半藤　そうです。アヘン戦争の結果がわかっていたわけですからね。あの程度の艦船を持ってきただけで、清国のような凄い大国が大敗するのですから、これはとても小国の日本が勝てるはずがない。それは明らかにわかったはずです。ペリーがまたやり方の上手な男で、脅かしのために大砲を撃ちますよね。東京湾の中に入ってきて、ドカーンと。あれをやられたら、阿部正弘も覚悟を決めざるを得なかったでしょう。だから、早めに開国を方針として決めたと思います。

前例のない事態に対処できるのは勉強する若い頭の世代

出口　アメリカ艦隊が来たときのための組織立った準備はしていなかったものの、いざ現われたときに、阿部正弘という腹の据《す》わった立派な宰相がいたことは、ある意味で日本にとって幸運だったと考えていいのでしょうか。

半藤　幸運といえば幸運でしたね。ただ阿部さんは、ひとつ間違ったことをやってるんです。それは何かというと、「この難局に対してどうしたらよいか、おまえたちの意見を全部出せ」と一般庶民にまで通知を出すんです。それまでの幕府は「由《よ》らしむべし、知《し》らしむべからず」が基本的なやり方でした。つまり、上から押さえて命令だけ出してたんですね。ところが阿部さんがそれをやったものだから、「俺たちも何か言えるんだ」という空気を作っちゃった。

出口　万機公論の蓋《ふた》を開けちゃったんですね。

半藤　そう、パンドラの箱の蓋を開けちゃったんですね。それで尊皇の志士などと称するだけのくだらない奴らが出てくるんです。

出口　たぶん、阿部さんはものすごく開明的な人で、いろいろと遠くのことまで見えていたのでしょう。

半藤　時代の空気よりずっと先の、開明的すぎたんじゃないですかね。

出口　開明的すぎて先行きが全部見えていたから、自分の判断に自信があった。だから

「言いたいことがあれば言ってごらん」と意見を求めながら、「みんなもよくよく考えれば最後は開国しか選択肢がないとわかるはずだ」と思っていたのではないでしょうか。自分が開明的かつ合理的な考え方のできる人だったがゆえに、みんなも同じようだと考えて、開国以外の結論など出るはずがないと思い込んでいた。あまりにも進んだ考えを持っていたからこそ、蓋を開けてしまったのかもしれません。

半藤　あれだけ覚悟を決めて「開国」を選んだのだから、世間に余計なことを聞かなくてもよかったんですけどね。とはいえ、やはり国論を一致させるためには、聞いたほうがよかったという面もあるかもしれませんが。

出口　そこの判断は難しいですね。ヨーロッパ革命（一八四八年）で完成した国民国家の成り立ちを学んでいれば、やはり国論をまとめなければいけないと考えるのが普通でしょうね。それが理想といえば理想です。しかし日本という社会のレベルがそこまで成熟してはいなかったので、変なプランがいっぱい出てきてしまったということではないでしょうか。

半藤　実際、庶民から出てきた案には、とんでもないのがありますからね。たとえば、夜中に米艦の下に潜り込んで海底に鉄の棒を何本も立てていくとか（笑）。干潮になって海面が下がれば、棒が突き刺さっているから沈めることができる、というわけです。そういう状態なのに、幕府のリーダーだけが進みすぎていた面はあると思いますね。

出口　ソ連を上から民主化しようとしたゴルバチョフのような感じかもしれませんね。本人が進みすぎていて、ついて来れない社会をみずから壊してしまったという意味で。

半藤　ちなみにペリーが来たとき、佐久間象山は数えでまだ四三歳なんですね。

出口　開国を決断した時点で阿部正弘は三五歳でした。

半藤　吉田松陰《よしだしょういん》なんか、まだ二四歳ですよ。このあたりの連中は、みんな若いんですね。だから、ジジイどものような太平的な考え方ではなかったんです。

出口　前例のない大変な事態ですから、若い柔軟な頭（発想）の持ち主でなければ対応できなかったのかもしれないですね。

半藤　まさにそこが大事なところです。私みたいな八八歳のジジイがこんなことをいうのもおかしいのですが（笑）、やはり若い人でなければダメだったと思いますね。ジジイどもは世界の新しい動きを勉強する気もなかったでしょうから。

出口　年齢フリーで考えたとしても、新しい世界の動きを勉強しないと話にはならないでしょうね。

半藤　しかし若い人たちは本気で勉強に取り組みました。吉田松陰は、一六歳のときにアヘン戦争のことを初めて耳にするんです。それで世の中の見方がすっかり変わったんですね。一九歳で長崎に行ってオランダの船を見て、それまで学んできた山鹿流《やまがりゅう》の軍学を「こんなものは役に立たない」と投げ捨てるんです。それで新しい学問を始めた。それぐらい進取《しんしゅ》の精神に富んでいました。あえて少々褒めていいますが。

勝麟太郎《りんたろう》も二二歳のときに初めて佐久間象山を訪ねて、世界の動きを全部聞いた。それでオランダ語の勉強を始めなきゃいかんと悟《さと》って、オランダ語の勉強をする。翌年には永《なが》井青崖《いせいがい》の門に入って蘭学を本気になって学び出しました。あの頃の若い人たちは、やっぱり偉いですよね。

出口　お尻に火がついて大変なときには、若い人が頑張るんじゃないでしょうか。たとえば、これはかなり最近の話ですが、一九九一年にフィンランドの経済がほぼ崩壊するんですよ。あの国は戦後、ソ連に工業製品を輸出することでご飯を食べていたのですが、ソ連が崩壊したことで市場を失い、フィンランド経済がダメになってしまったんですね。そこから立ち直ろうとするときに総選挙をやった結果、三六歳の首相が誕生しました。

半藤　ああ、そうでしたかね。

出口　ソ連が崩壊したので、ロシアとの商売を回復させようと思っても、うまくいくかどうかはわからない。だから、これまでの経験が豊富な年長者に国を任せていたのではアカン、と。これからは、むしろ経験のない若い人に任せよう、という判断だったと思います。幕末は、維新の志士たちだけではなく、幕府のほうもみんな若くて優秀なんですよね。大きな時代の変わり目には、これまでの経験則が役に立たないので、勉強している人じゃないと対応できないのだと思います。

実は、若者に限らず、年長者でも勉強して立派に対応した人がいるのです。林則徐《りんそくじょ》がそうで、アヘン戦争のときの欽差大臣《きんさだいじん》です。彼は必死に勉強して、広州で大英帝国と互角以上に戦いました。しかし北京政府が軟弱で彼を罷免《ひめん》し、降伏してしまった。彼は勉強するために集めた西欧列強の文献を友人の魏源《ぎげん》に託して新疆《しんきょう》に去っていくのですが、魏源はそれらを参考にして『海国図志《かいこくずし》』を著した。その一部は幕末の日本で刊刻《かんこく》され、佐久間象山や吉田松陰、橋本左内《はしもとさない》などわが国の志士に大きな影響を与えました。明治維新は、『海国図志』を介した林則徐のリベンジであったという気がするほどです。このように知識は間違いなく力になるのです。

徳川幕府が「海禁（鎖国）」を選んだ本当の理由

出口　ところで、僕には、ひとつわからないことがあるんです。当時のアメリカにとって、日本は地政学的な面でものすごく価値がありましたよね。

半藤　ものすごくどころではなく、唯一ここしかない、という存在でした。

出口　一方の西欧列強はそのまま中国に行けるので、極端にいえば日本はそれほど価値のない存在だったと思うんですよ。

半藤　そうですね。中国の五つの港を開かせたのですから、そこさえ押さえておけば問題ありません。

出口　それなのに、大英帝国もフランスもアメリカに続いて次々と日本にやって来ました。これはどう考えたらいいのでしょう。

半藤　やはり、アメリカにだけ太平洋の覇権を握らせたくなかったのでしょう。

出口　アメリカを牽制《けんせい》するのが第一の目的で、せっかく日本の港が開いたのなら、役に立つかどうかはわからないけれど使おうと（笑）。

半藤　なくてもいいけど、あるなら自分たちも仲間に入ろうという感じだと思います。ですから、あの連中はべつに日本を取ろうとは考えていなかったでしょうね。とりあえず港を開けるだけは開けさせる。

出口　それでみんな一斉にやって来たわけですね。アメリカがやるなら、自分たちもついでに参加しておこうと。役に立たなければ使わなければいいだけの話ですから。

半藤　それぐらいの話だと思います。本気になって襲いかかったわけではないでしょう。

出口　そうやって欧米列強が押し寄せてきたことで、日本は開国せざるを得ない状態に陥《おちい》ったわけです。しかし、ここであえて話をもっと前の時代に戻すと、そもそも日本はどうして海禁（鎖国）したんでしょうね。これは実はかなり難しい問題だと思うのですが。

半藤　はい。正直にいうと、わからないです。

出口　十六世紀後半から十七世紀前半頃の日本は銀や金が豊富に産出した時代で、人によっては全世界の銀の三分の一が日本産であったともいいます。銀は世界の基軸通貨でしたから、日本はお金持ちだったんですよね。しかも豊臣秀吉の朝鮮出兵では四〇万人から五〇万人もの大軍を動かしていますし、鉄砲もたくさん量産していました。ふつうに考えれば、あの時点で日本を侵略する力のある国はどこにもないんです。一時期までは「西欧列強の侵略を恐れて鎖国をした」といわれていましたが、よく考えてみたら、その時代の西欧の船はまだ小さいので、攻めて来られるはずがありません。
もちろん、天草四郎《あまくさしろう》の島原《しまばら》の乱（一六三七～一六三八）を経験したことで「キリシタンはこんなに手強《てごわ》いのか」と怖気《おじけ》づいて鎖国したという説はあります。でも、当時の日本はすでに人口が一〇〇〇万人に達していたので、三〇万人か四〇万人程度しかいないキリシタンは大した脅威ではないでしょう。そうやって冷静に考えると、鎖国をした本当の理由はほかにあるような気がしてならないんです。

半藤　なるほど、たしかにそうですね。

出口　そこで、中国が鎖国をしていたので、それに倣《なら》ったことに加えてひとつ考えられるのは、徳川政権の保身です。先ほど半藤先生が、八万石以上の大名は老中にしなかったというお話をされましたが、ことほどさように、徳川政権は石高《こくだか》で大名を統制していました。徳川家は四〇〇万石で、その次に大きいのは加賀《かが》前田家の一〇〇万石ですから、一位と二位とでは四倍もの開きがある。当時は石高≒軍事力と考えられていたので、この石高の差があるかぎり、誰も幕府には対抗できません。永遠に徳川政権が続くんです。
しかし、幕府がいくら石高をコントロールしていても、各藩が勝手に交易を行なって儲《もう》ければ、富をいくらでも蓄《たくわ》えることができますよね。国を開いておくと、それができてしまうわけです。徳川政権を永続させるためには、大名に交易をさせてはいけない。日本の発展のためには交易をしたほうがいいことは明らかなのに、そういう徳川政権のエゴで鎖国をしたという見方が成り立つわけです。

半藤　なるほど。しかも困ったことに、徳川に仇《あだ》なすところの毛利《もうり》（長州藩《ちょうしゅうはん》）と島津《しまづ》（薩摩藩）が江戸から遠く、いちばん外国と交易をしやすいところにいるんです。これを徳川は恐れたかもしれませんね。交易によって石高以上の力を持つことは許し難い。

出口　自由に交易をさせたら、石高でコントロールしても意味がありませんから。あっという間に一〇〇万石、二〇〇万石レベルの経済力をつけてしまうかもしれません。現に、伊達政宗《だてまさむね》は交易で力をつけることを考えていました。鎖国でそれを封じ込めておけば、永遠に徳川家がナンバー1でいられます。

半藤　事実、幕末に薩摩や長州が幕府に反旗を翻《ひるがえ》して蜂起できたのは、密貿易で金儲けをして武器を手に入れていたからですよね。いままでは単純にキリシタンの問題で鎖国をしたとみんな思っていましたが、そう考えたほうが面白いですね。

出口　最近の学者が唱えている説なんですよ。僕も、こちらのほうが信憑性《しんぴょうせい》があるように思います。

半藤　そうですか。たしかに、和辻哲郎《わつじてつろう》さん（哲学者。一八八九〜一九六〇）の『鎖国　日本の悲劇』という本には、そんなことは書いてありませんでした（笑）。

二〇〇年も続いたマイナス成長が質素な日本文化を生んだ？

出口　ちなみに先ほど紹介したアンガス・マディソンのＧＤＰシェアの表（21ページ・図2）を見ると、一七〇〇年前後、つまり元禄《げんろく》時代あたりまでは黄金バブルの影響が残っており、日本のＧＤＰは世界シェアで四％を超えていました。しかしそれが江戸時代の末期から明治初期になると二％ちょっととほぼ半減しているんですね。

ただしこれは、日本の経済が発展しなかったという意味ではありません。この間に、ヨーロッパを世界チャンピオンに押し上げた産業革命と国民国家の成立という二大イノベーションが起きたことが主因です。鎖国をしていれば、そういう情報はある程度は入ってくるにせよ、キャッチアップはできません。だから、大きな差がついてしまった。結果的に見ると、明治維新は江戸時代の鎖国による二〇〇年の遅れを取り戻す運動だったと思います。

そういう時代に日本が鎖国をしていたのは、ある意味、運が悪かったともいえるでしょう。その二〇〇年のあいだに産業革命も国民国家への変化も興《おこ》らず、ヨーロッパも日本も農業が主力であれば、それほど差はつかなかったと思います。鎖国時代の日本には、そういう不運もありました。

もうひとつ、徳川の二五〇年を振り返ると、江戸時代の末期には日本人の平均身長や平均体重がすべての時代を通じていちばん小さくなるんですよ。

半藤　へえ、そうなんですか。

出口　というのも、徳川政権は封建制で、しかもキリシタンを恐れていたので、宗門《しゅうもん》改《あらため》（キリシタン摘発のために民衆の信仰する宗教を調査する制度）を行ない、農民をお寺の檀家《だんか》として土地に縛りつけましたよね。いわば、仏教寺院を、宗教施設ではなく人々の管理組織にしたわけです。すると、土地を離れて遠くに行くこともできませんし、通婚範囲もせいぜい隣村ぐらいまでに限定されます。また、封建制ですから、たとえ飢饉《ききん》が起きても隣の藩と自由にお米のやり取りができません。たとえば熊本から鹿児島にお米を持っていくようなことは、藩が違うので幕府の許可がない限りできないわけですよ。それもあって、日本人の体が小さくなりました。

さらにいえば、鎖国してから二〇〇年のわが国経済は石高ベースで考えるとマイナス成長だったという見方もあります。経済学者の島澤諭《しまさわまなぶ》さんは、農業について1人当たり石高でみると年平均成長率マイナス〇・二%という試算を示しています（『自分の半径5mから日本の未来と働き方を考えてみよう会議』SB新書）。現在の僕たちはマイナス成長が数年続いただけでも「時代の閉塞感が」などと呻《うめ》き声を上げているわけですから、主要産業の農業で二〇〇年もマイナス成長が続いたら一体どういうことになるのか。たぶん、あまり楽しくないと思うんですよ（笑）。もっとも、江戸時代後半は商工業を含めて考えると日本は成長プロセスに入ったという研究もあるので一概にはいえませんが。

しかし、以上を総合して考えると、鎖国時代の日本はあまり住みよい社会ではなかったのではないかと。たしかに江戸文化のような素晴らしいものも生み出してはいますし、戦争もない平和な時代ではありましたが、体は小さくなるは、定常的にマイナス成長だはという状況では、社会全体としてはそれほど高い評価はできないと思っているんです。半藤先生はどう思われますか？

半藤　たぶん、マイナス成長の中でも自分たちが楽しめる文化を発達させたんでしょうね。日本の文化は、ワビとかサビとか地味なことを大事にするでしょう？　マイナス成長の社会で、お金をかけずに楽しもうとしたんじゃないですかね。

出口　なるほど。

半藤　そういう意味で、江戸時代の日本文化は非常に独特なものなのだろうと思います。だから、貴重といえば貴重。奈良時代の大仏様みたいなものは造りませんでしたしね。

出口　大仏はたしかにお金がないと造れませんものね。

半藤　茶の湯とか生け花とか、能楽とか、どれも地味なものばかりですよ。だから、まったく経済成長しない二〇〇年は、凄い世界に類をみない独特の文化を創ったんだと思います。

出口　経済的な制約があるからこそ、面白い文化が生まれたということですね。

ところでもうひとつ、江戸時代には「士農工商」という身分制度がありました。あれは本当に士・農・工・商という順番だったんでしょうか。たとえば江戸の町では、武士の次は町人で、農民のほうが地位が低かったという説もあるんですが。士農工商という秩序は、実のところ、どれくらい厳密に守られていたんでしょう。

半藤　どうでしょう。守られていないから、そういう言葉ができたんじゃないですか。建て前としては日本は農業国なのだから、「工」や「商」よりも「農」を大事にすべし、と説いていたんじゃないでしょうか。

出口　なるほど、一種のイデオロギーですね。鎖国しているので本来は自由な交易はできないはずですからね。しかし実際には、お金を持っている商人のほうが威張《いば》っている。現実には秩序は守られておらず、いわば有名無実《ゆうめいむじつ》だった。だから逆に言葉だけ残っているわけですね。

半藤　言葉の強調とはそういうものです。だから、のちに立場が逆転するんです。

出口　社会の秩序という点で、朱子学《しゅしがく》（十二世紀に日本に伝わった儒教《じゅきょう》の学問体系のひとつ）は、あの時代にどの程度の影響を与えたとお考えですか。

半藤　司馬遼太郎《しばりょうたろう》さんは朱子学が嫌いで、やたらにムチャクチャ言いましたよね。江戸時代の朱子学は、要するに徳川家が作った秩序を守れという、民を押さえつけるだけの学問なんだと思います。この秩序を保つことが太平の世を続けていく基礎になるという話ですから、徳川にとっては都合の良いものだったんですね。

出口　一般の人々は、朱子学を一所懸命に勉強したんでしょうか。五代将軍徳川綱吉《つなよし》のときには孔子廟《こうしびょう》として湯島聖堂《ゆしませいどう》が建てられ、のちに幕府直轄《ちょっかつ》の学問所となりましたが。

半藤　そんなに勉強してないんじゃないですか。少なくとも、わが長岡藩《ながおか》では朱子学なんて誰も聞いたことないと思いますよ。

出口　じゃあ、士農工商も朱子学も、建て前だけで実質が伴わないという意味では、同じような位置付けですね。半藤先生のご出身地である長岡藩の藩校では、何を勉強していたんでしょうか。

半藤　一応は儒学をやるでしょうけど、朱子学ではないと思います。たとえば河井継之助《かわいつぐのすけ》（一八二七〜一八六八　越後《えちご》長岡藩牧野《まきの》家の家老）なんかは、同じ儒教でも陽明学《ようめいがく》（形骸化した朱子学の批判から始まった儒教の一派）のほうですからね。学問は一旦緩急のとき役に立ちさえすればいい、形だけの儀礼などは枝葉末節である、どうでもいいと若いときから高言していたといいます。形よりも実を尊ぶ実学的な思想が青年期にして身についていたようです。

出口　朱子学を嫌いなほうですね。

半藤　ですから、朱子学は徳川が幕府の大方針として推奨するだけの学問であって、あまり下のほうにまで行き渡らなかったんじゃないですか。

出口　士農工商と同じで、実際には守られなかったと理解していいですね。

半藤　よろしいと思いますがね。

外国奉行は知っていながら止められなかった、金銀の交換比率

出口　さて、話を幕末に戻しましょう。ペリー来航によって開国に踏み切った直後、幕府は財政破綻に陥るわけですが、それは金銀の交換比率を間違えたことがひとつの原因だといわれています。

半藤　そのあたりのことは、出口さんに是非お訊《き》きしたいんです。幕府が阿部さんの主導で開国をやりましたが、その後は尊皇攘夷《そんのうじょうい》の動きが激しくなり、薩英戦争（一八六三）や下関《しものせき》戦争（一八六三〜一八六四）の賠償金をムチャクチャに払わされたんですよ。その前に起きた生麦《なまむぎ》事件（一八六二）の賠償金も相当な高額でした。事件も戦争も、起こした当事者は薩摩藩や長州藩ですが、賠償責任は幕府が負わされたんです。

出口　まあ、諸外国からしたら、「薩摩藩や長州藩がムチャなことをやったのは、おまえたちの監督不行き届きだ」という話になりますよね。

半藤　しかも薩英戦争と下関戦争の場合、形式的には幕府の命令でやったことになっていますしね。このことからも、本当に幕府に金がなかったのはたしかですよ。結局、賠償金は一括払いできないので、分割払いになった。ところがその途中で幕府が潰れちゃったので、それ以降は明治政府がイギリスに払い続けたそうです。

出口　そもそも賠償金を取られて台所事情が苦しくなった上に、金銀の交換比率を間違えて大損したということですね。

半藤　その話はよく聞きますが、本当なんですか。

出口　はい。世界の金銀交換比率を見れば、一ドル＝一分《ぶ》が妥当だったのですが、アメリカに押し切られて一ドル＝三分にしてしまった。ですから、日本で買った金貨を香港あたりで両替すれば、労せずして三倍ぐらい大儲けができるんですね。その結果、どんどん金貨が国外に流出してしまいました。

半藤　勘定奉行がわかってなかったんですかね。

出口　外国奉行はわかっていたようですが、アメリカのタウンゼント・ハリス（初代駐日公使）あたりから強硬に言われて、幕府の偉い人が「まあ、ええやないか」と受け入れてしまったんでしょう。「そんなに大したことにはならないだろう」とタカをくっていたのかもしれません。ところがお金というのは水みたいなものですから、いまでも金利がちょっと変わっただけでワッと少しでも金利の高い方向に流れていきますよね。それで「これは大変だ！」となって、のちに交換比率を見直すことになりました。

半藤　なるほど、承知してやったんですか。私はてっきり、幕府側が比率の違いを知らずにやってしまったんだと思ってました。

出口　いまの日本でいえば、現場の官僚たちはみんなわかっているのに、事情をよく知らない大臣が「まあ、いいだろう」と政治判断してしまったような感じですね。若い連中が「大臣、これは大変なことになりますよ」と忠告しても、「ハリスが言っているんだから、これぐらい構わないだろう。そんなに簡単に金が出て行くものでもあるまい」のようなことだったのではないかと。

半藤　いまの対米外交でもありそうな話ですね（笑）。

出口　そのあたりの事情は、新田次郎《にったじろう》文学賞を受賞した佐藤雅美《さとうまさよし》さんの『大君の通貨――幕末「円ドル」戦争』（文春文庫）という小説に詳しく書かれています。経済金融の実態をあまり勉強・認識していないリーダーが間違った意思決定をして現場の足を引っ張るということは、いまでもよくありますよね。

半藤　それにしても、勘定奉行が承知していたというのは驚きです。

出口　ハリスは実際の交換比率を知っていたので、日本の偉い人が「ええやんか」とハンコを押した瞬間から、自分がお金を儲けるために小銭を貯め始めるんですよ（笑）。とんでもない人だと思いますが、そりゃあ、わかっていたらやりますよね。メキシコの一ドル銀貨を日本の一分銀《いちぶぎん》に交換し、それを小判に替えて香港に持っていくだけで三倍になるんですから、誰だってやるでしょう。ただし、実際の金の流出量については、いろいろな説があって、まだ固まってはいないようです。

半藤　幕府の金蔵《かなぐら》は空っぽになったそうですからね。

出口　マーケットの恐ろしさを知らなかったがゆえに、酷《ひど》い目に遭ったわけです。

半藤　しかし当時は、「幕末三俊」のひとりである岩瀬忠震《いわせただなり》や、阿部正弘の信頼も厚かった大久保忠寛（一翁《いちおう》）などの開明的な幕臣が外国との応接係としていたはずなんですけどね。彼らは何をしていたんでしょう。

出口　そのあたりの人たちは、いまの政府でいえば事務次官のようなものですから。

半藤　そうか、大臣が勝手にハンコを押してしまったら、次官や局長クラスではどうしようもないですよね。

出口　いまでも、大臣が国会で「そんな文書は存在しない」と答弁したら、たとえ存在していても次官や局長は「ありません」と言うしかないですからね（笑）。

半藤　そうか、いまの日本に通じる情けない話ですなぁ。いずれにしろ、そんなこんなで幕府は財政的にどうにもならないぐらいお金を使ってしまったんですよね。

出口　薩英戦争や下関戦争は、幕府も朝廷に引きずられて形式上攘夷の方針を出していたとはいえ、実質的には薩長の過激派が勝手にやってしまったことですよね。その賠償の支払いで幕府の財政は大変なことになりましたが、これらの戦争をやった結果、薩長の若手は「尊皇攘夷はアカンな」と目が覚めたわけです。その意味では、日本にとってプラスになりましたよね。

半藤　薩英戦争にしろ下関戦争にしろ、コテンパンにやられてしまって、「尊皇攘夷」というスローガンを掲《かか》げていたはずなのに、それがいつの間にか「尊皇倒幕」に変わってしまいました。その契機になったという意味では、のちに倒幕を果たした西軍の連中にとっては良い教訓材料でしたね。

出口　あの両戦争を通じて、薩長もやはり阿部正弘の「開国・富国・強兵」路線しかないと思い知った。

半藤　薩長の上層部も、頭のいい連中は、本当は最初からわかっていたと思いますけどね。本音は「倒幕」だったのに、方便として「攘夷」を掲げていただけですから。

出口　とはいえ、本気で攘夷を望んでいた藩士たちもいたので、実際に戦ってみて「攘夷は無理」と身体で確認できたのは成果として挙げていいでしょう。なにしろ長州などは四カ国艦隊にボコボコにやられてしまったわけですから。

半藤　はい。やってみたら思ったとおりだった（笑）。攘夷なんてできない。

出口　しかも賠償金は結局幕府が払ってくれたんですから、倒幕を考えていた薩長にとっては、結果論ではありますが、願ったり叶《かな》ったりといった感じがあります。一方の幕府は踏んだり蹴ったりで可哀想ですよね。

半藤　本当にそうですよ（笑）。

軍隊の近代化を進めた薩摩と長州

出口　そうやって幕府が疲弊する一方で、幕末から明治維新にかけての戊辰《ぼしん》戦争では、武器商人が相当なお金を儲けました。

半藤　私は、慶応《けいおう》元年（一八六五年）から明治二年（一八六九年）まで五年分の長崎での小銃の輸入量を調べたことがあるんですよ。それによると、

慶応元年　二万五八五〇丁（一六万ドル）
慶応二年　二万一六二〇丁（二七万ドル）
慶応三年　六万五三六七丁（九八万ドル）
明治元年　三万六五一一丁（六二万ドル）
明治二年　一万九一六三丁（二九万ドル）

……と、誰が買ったかはわからないんですが、バカスカ輸入しているんですね。

出口　凄い量ですね。武器商人は大儲けでしょうね。先日、大倉喜八郎《おおくらきはちろう》の伝記を読んだのですが、戊辰戦争で鉄砲商として財を成していますね。

半藤　いまのは長崎の数字で、途中からは開港した横浜での輸入も加わります。そちらも数字をご紹介しましょう。

慶応三年　一〇万二三三〇丁（一三三万ドル）
明治元年　一〇万五〇三六丁（一六〇万ドル）
明治二年　五万八八一三丁（六四万ドル）

さらに明治元年からは兵庫と大坂からの輸入も加わって、そちらも何十万ドルもの金額になっています。それぐらいドカドカと小銃が入ってくるんですね。英国のトーマス・ブレーク・グラバー（一八三八〜一九一一）あたりは「日本の近代化に貢献した」などとよくいわれますし、そういう側面もたしかにあったのでしょうが、まあ、当時の武器商人たちは、とんでもない額のお金を日本から引ったくっていったわけです。

出口　鉄砲商人にしてみれば、幕府と薩長が喧嘩しているなら、双方に鉄砲を売って大儲けしようと考えるのは自然なことですよね。

半藤　もちろん、悪いことではありません。

出口　しかしそれによって大変な内乱が起こり、最終的に幕府は倒れました。

半藤　とくに最新式の銃を薩摩と長州が買っていましたからね。先ほどの数字もほとんどが薩長で、幕府はあまり入っていないと思います。なぜ薩摩と長州がこれだけの金額を払って武器を買えたかといえば、収入源はさっきもいいましたが、密貿易でした。

出口　薩摩や長州は何を売っていたんですか？

半藤　綿や生糸《きいと》でしょうね。薩摩は琉球、長州は壱岐《いき》、対馬《つしま》を通して朝鮮半島と交易をしていました。ちょうど、当時はアメリカの南北戦争が終わった後ですから、アメリカの最新式の銃や弾丸が余ってたんですよ。それが長崎、横浜を通してボカボカと薩長に入ったんですね。ところが幕府側は相変わらず火縄銃や先込め銃で戦っていたんじゃないですか。これでは勝てるわけがありません。

出口　結局、鎖国をするときに恐れていたことが起きてしまったわけですね。交易をさせないために鎖国したのに、薩摩も長州も交易で力をつけていった。

半藤　そういうことだと思います。さらにいえば、長州も薩摩も非常に早い段階から軍隊組織のつくり方を西洋に学んでいました。長州は大村益次郎《おおむらますじろう》（一八二四～一八六九）が中心になって、昔ながらの騎馬隊やら旗持ちやらといったバカバカしいやり方を全部やめて、近代組織に仕立てました。すべて銃隊にしちゃったんですよ。みんなに最新式の小銃を持たせて。

出口　もう旗なんか要《い》りませんものね。

半藤　そうそう。旗持ち隊なんて要りません（笑）。しかも長州藩は、身分制をやめてしまうところまで改革したわけです。

出口　ある意味では、国民皆兵に近い組織を作ってしまったわけですね。

半藤　それに近いんです。一方の薩摩は、十一代藩主の島津斉彬《なりあきら》（一八〇九～一八五八）が先頭を切って自分たちで兵器製造を行ない、こちらも軍を大隊・小隊という組織に変えるんです。当時の薩摩藩は人口が六一万人だったそうですが、そのうちの四〇%もの人たちが兵隊になってしまったというんです。もっとも、それが全部男だとすると、赤ちゃんから老人まで兵隊になってしまう計算になりますが（笑）。

出口　士農工商などという身分制度をなくして、ヨーロッパの国民国家と同じように国民皆兵の仕組みにした。

半藤　それを慶応二年ぐらいにやっていますね。そして、慶応三年から四年にかけて戊辰戦争が起きるわけですよ。最新式の兵器を揃えた近代的な軍隊に、相変わらず旗持ち隊がいるような幕府軍が負けるのは当然です。

出口　それは勝負にならないですよね。

半藤　兵隊の数が多くても、武器や軍隊組織に差があれば勝てません。

出口　長篠《ながしの》の戦い（一五七五）のようなものですよね。実際の戦いがどうだったかについては今では諸説あり、どうやら兵力（頭数）の差が勝敗を分けたようですが、昔は、武田勝《たけだかつ》頼《より》の騎馬隊を織田信長の鉄砲隊が圧倒したと教わりましたよね。

半藤　ただし幕府もバカではなくて、慶応三年にフランスからシャノアンという大尉を呼んで、軍隊を近代組織に変えようとしていました。その最中に戊辰戦争が始まってしまったわけです。

出口　薩長軍と幕府軍の近代化の間にタイムラグがあったんですね。

半藤　そのときフランスと契約を結んだので、戊辰戦争後も幕府の背後にフランスがつき、西軍にはイギリスがつくという形になりました。

出口　幕府が先にフランスと結んだから、大英帝国は薩長についたんでしょうか。それとも、逆ですか。

半藤　英国が薩長についたのが先です。

出口　大英帝国はなぜ薩長に？

半藤　金ですね。幕府は金がないので。それに薩英戦争の縁もあったし（笑）。

出口　薩長に鉄砲を売ったほうが手っ取り早く稼げたわけですね。大英帝国系の人々が先に薩長に鉄砲をガンガン売って大儲けしていたので、大英帝国と対立するフランスは幕府のほうで儲けようとしたという感じでしょうか。

半藤　そうだと思います。薩英戦争は文久《ぶんきゅう》三年（一八六三年）、下関戦争は翌年の元治《げんじ》元年（一八六四年）。つまり、慶応になる前に起きたんですね。そのときから幕府は賠償金をボカボカと取られ始めました。慶応の年代に入ったときには賠償金を払うのに手一杯で、武器なんか買う余裕はなかったんですよ。

出口　一方の薩長は戦争でボコボコにやられたから、「これはあかん」と気づいて近代兵器を買い始めたわけですね。

半藤　先ほどは二つの戦争のために「尊皇攘夷」がいつの間にか「尊皇倒幕」になったというお話をしましたが、軍備にかけるお金の点でも、幕府は薩英戦争と下関戦争で大損したことになりますね。

出口　どちらの戦争も形式的には幕府が許可しなければできなかったとはいえ、押っ取り刀で許可してしまったばかりに、賠償金は取られるは、薩長は目覚めてガンガン武器を調達するはで、本当に踏んだり蹴ったりですね。

［第2章］

「御一新」は革命か内乱か

光格《こうかく》天皇が復活させた「天皇」の権威

出口　さて、「明治維新」と呼ぶかどうかはともかく、あの大変革の本質が何だったのかを考えたいと思います。あれを「革命」と見るのか、「内乱」と見るのかで、評価は大きく分かれますよね。

半藤　ここからが、東軍贔屓《びいき》の私がいちばん腹を立てるところです（笑）。

出口　そもそも、なぜ徳川幕藩体制のままで開国・富国・強兵を軸にした新しい国家をつくれなかったのでしょうか。

半藤　前章でもお話ししたとおり、ペリー来航によって、幕府は阿部正弘を中心に日本の開国を決めました。ところが、本来なら京都の朝廷にお伺《うかが》いを立てて了承を得てから政策として実行すべきだったのに、それをしなかったのはけしからん、という話になったわけですね。しかし、それ以前から幕府がいちいち「こういう国策を決めましたので、ご了承願いたい」と朝廷に許可を得ていたかというと、そんな話は聞いたことがありません。一体いつから、そんなことになったのか。それがよくわからなかったんですよ。

出口　たしかに、急にそんな話になるのはおかしいですよね。

半藤　それでいろいろと調べたところ、光格天皇（在位一七七九～一八一七）のときに変化があったようなんです。

出口　江戸時代で最後の天皇となった孝明《こうめい》天皇（在位一八四六～一八六七）の二代前の天皇ですね。

半藤　実は今上陛下がその光格天皇のことを大変よくお勉強されたそうなんです。というのも、昭和以前で最後に生前譲位をしたのが光格天皇なんですね。

出口　なるほど、それで参考になさったんでしょうね。

半藤　それまで「帝」と呼ばれていたのを

東京大学史料編纂所所蔵模写

光格天皇◎（こうかくてんのう／一七七一［明和八］～一八四〇［天保一一］）第一一九代天皇（在位一七七九～一八一七）。閑院宮典仁親王の第六王子。名は兼仁《ともひと》。後桃園天皇崩御の際、同天皇の養子となり一〇歳で即位。朝儀再興に力を入れ、幕府に働きかけて古制の復活に努め、石清水社・賀茂社の臨時祭を再開。父典仁親王に太上天皇の尊号を奉上しようと、前例が二例あることを根拠に尊号宣下承認を幕府に求めたが、老中松平定信に反対された（尊号事件）。没後、村上天皇以来八七五年ぶりに諡号が再興され、光格と追諡《ついし》された（六三代から一一八代は院号）。

「天皇」に直させたのも光格天皇でした。

出口　天皇号は、平安時代の村上《むらかみ》天皇（在位九四六～九六七）を最後に、実質的には使われなくなっていたんですよね。日本という国号や天皇という称号を創ったのは、持統《じとう》天皇と腹臣の藤原不比等《ふひと》ですが、その目的は唐《とう》（中国）に見せるためでした。虚勢を張ったんですね。でも中国の脅威が薄れると、使う意味がなくなったのです。

半藤　はい。光格天皇は、それを復活させたんです。それと同時に、天皇の権威もしっかりと幕府や諸藩主に認めさせようとした。そこで、国策についていちいち朝廷に報告するという建て前を幕府に押しつけたんです。幕府もそれを受け入れました。このときから、少なくとも形式的には朝廷の承認を得て国策を決めることになったんです。

出口　それを受け入れた幕府の状況については二つの考え方があり得ますよね。ひとつは、もともと征夷大将軍《せいいたいしょうぐん》という位は天皇から与えられているのだから理屈の上では筋が通っているし、所詮は形式的なものだから大勢に影響はないと考えて、軽い気持ちで受け入れた。あるいは、すでに徳川家康が禁中並公家諸法度《きんちゅうならびにくげしょはっと》を定めたときのような圧倒的な力関係はないと考えたのか、どちらでしょうか。

半藤　前者の軽い気持ちだったんでしょうね。「それで朝廷の気が済むなら報告してあげますよ」ぐらいの感覚だったと思います。ところが幕末になると、岩倉具視《いわくらともみ》（一八二五～一八八三）や三条実美《さんじょうさねとみ》（一八三七～一八九一）といった公家たちが「これを使えばいいじゃないか」とばかりに、光格天皇以来の報告制度を持ち出した。ですから、悪いのは光格天皇ではなく、岩倉や三条なんですよ（笑）。

出口　なるほど、建て前にすぎなかった制度を悪用したわけですね。

半藤　朝廷は、幕府が決めた「開国」という国策に反対しました。孝明天皇という方は、ものすごく外国人が嫌いだったらしいんです。とくにキリシタンが嫌いだったので、かなりの攘夷《じょうい》論者だったんですね。

とはいえ、孝明天皇自身が「開国を決めた

国立国会図書館蔵

三条実美◎（さんじょうさねとみ／一八三七［天保八］～一八九一［明治二四］）公卿。政治家。内大臣三条実万の四男。尊皇攘夷派公家の中心的存在。尊皇攘夷派を京都から追放した文久三年八月一八日の政変で、七卿落ちのひとりとして長州に下る。王政復古を機に帰京。新政府では、岩倉と共に副総裁就任。右大臣、修史局総裁などを歴任し、政府の最高責任者の太政大臣に就く。征韓論をめぐる論争においては、対立する西郷と大久保の間に入って悩み、発熱。右大臣の岩倉が職務代行。内閣制度創設後は内大臣。黒田内閣総辞職後、一時臨時首相を兼任。

幕府はけしからん」と口に出して言ったかどうかは、宮中のことですからわかりません。しかし天皇の外国嫌いを知っている岩倉や三条たちは、これをチャンスと捉《とら》えました。それで、京都の御所を守っている薩摩や長州の連中に「幕府は天皇を蔑《ないがし》ろにして勝手なことをやっている」と吹き込んだわけです。

出口　天皇側近の公家たちが薩長を焚きつけたんですね（笑）。

半藤　その結果、尊皇攘夷運動がガチャガチャと起きました。京都では新選組が攘夷派の志士たちを襲撃した池田屋《いけだや》事件（一八六四）などいろいろあったわけですが、そのあたりは端折《はしょ》って話を先に進めると、結局は朝廷も攘夷を断念します。というのも、アメリカ、英国、オランダ、フランスの艦隊が大阪湾にまで入ってきて、兵庫の開港を迫ったんですね。こうなると、外国兵が上陸してきて京都まで大砲の弾が届いちゃうので、さすがの朝廷も慌てます。

出口　いくら勇ましいことを言っても、武力では勝ち目がありませんからね。

半藤　それで、まずは国力を養って武器を整えてから攘夷をすることにした。開国を朝廷も承認したわけです。

出口　いろいろ迷った挙げ句に、結局は開国する以外には手がないということが、京都の朝廷にもわかったんですね。

薩長が徳川への恨みを晴らした「暴力革命」

半藤　そうやって幕府の方針を京都も承認したことで、「開国」が本当の意味で日本の国策になりました。それが慶応《けいおう》元年（一八六五年）のことです。そこから先は、本当なら新しい国作りをどうするかという話になるはずなんです。各藩から優秀な連中を集めて共和制国家にするのか、アメリカの真似をして大統領制にするのか、いろんな案がありました。

出口　立憲制にするかどうかという問題もありますよね。

半藤　のちにその話も出てきますね。最初の段階では、まだ天皇を元首とする立憲君主制は考えていませんでしたが。いずれにせよ、新しい国家の形を考えるべき時期でしたから、余計な国内戦争なんかやっている場合ではなかったんです。ところが、尊皇攘夷というスローガンがいつの間にか尊皇倒幕にすり替わってしまいました。

出口　それは誰が主導したと考えればいいんでしょうか。

半藤　西郷隆盛《さいごうたかもり》（一八二八～一八七七）と大久保利通《おおくぼとしみち》（一八三〇～一八七八）ですよ。

出口　つまり、次のような理解でいいですか？　薩摩の西郷や大久保、あるいは長州の木戸孝允《きどたかよし》（桂小五郎《かつらこごろう》　一八三三〜一八七七）といった人たちは、開国というこれからの国策は理解したものの、この際やっぱり関ヶ原《せきがはら》の恨みは晴らさないといけない、と考えた。せっかく徳川幕府が弱っているのだから、俺たちが出張《でば》って二五〇年前の恨みを晴らすんだ、と。

半藤　そういう理解でよろしいんじゃないですか。これは余談になりますが、私は文藝春秋《ぶんげいしゅんじゅう》にいたとき、関ヶ原の戦い四〇〇周年を記念して座談会を企画したんですよ。島津、毛利、徳川の子孫を集めて、あらためて喧嘩させようと思ったんですね。ところがその子孫たちがみんな縁戚関係を結んでいまして、「やあ、しばらく」なんて和気藹々《わきあいあい》なムードになってしまいまして（笑）。

出口　喧嘩どころかナアナアな会になっちゃったんですね（笑）。

半藤　あれは失敗しました。でも江戸時代にそんな親密ムードはあるはずもなくて、長州藩なんかは正月が来るたびに家臣どもが「殿、まだでございますか」と徳川への復讐の可否を尋ねていたんですよね。すると毛利の殿様が「うむ。まだだ」と答える。そんなことを二五〇年間ずっとやっていたわけですよ。薩摩は薩摩で、毎年のように倒幕のお宮参りをしていました。薩摩も長州も、関ヶ原の恨みを延々と引きずっていたんです。

出口　だとすれば、恨みを晴らす絶好のチャンスですよね。京都と幕府が手打ちをして一緒に新しい国家を建設してしまったら、薩長の出番はなくなってしまう。せっかく武器もたくさん買ってあるのだから、この勢いで幕府を倒してしまおうという話になるのは当然といえば当然ですね。でも、人間が二五〇年前の恨みを忘れない動物だとしたら、第二次世界大戦の恨みがそうそう簡単に消えるはずもないですね。

半藤　要は積年の恨みを晴らしたいだけですから、私にいわせれば〝暴力〟です。

出口　では、革命か内乱かというと、どちらでしょう。

半藤　武力革命だと思いますよ。

出口　薩長革命ですね。

半藤　そうなんですが、薩摩の人たちは「長州と一緒にしてくれるな」と言うらしいんですよ（笑）。地元の新聞なんかを見ても、「俺たち薩摩には長州のようなこすっからいところはない。正々堂々と明治の時代を作ったんだから、薩長などと一括《ひとくく》りにしないでほしい」といったことが書いてあるようなんです（笑）。僕は「何を言ってるんだ」と思って、そういう言葉には耳を貸さないことにしていますけど。

出口　まあ、薩摩にしてみれば西南戦争《せいなん》（一八七七）の恨みもありますからね。西南戦争についてては、あとで改めてお話を伺うとして、しかし徳川への恨みを晴らすという点では一緒だったわけで。いわば呉越同舟《ごえつどうしゅう》でしょう。「薩長革命」がダメなら、「薩長呉越同舟革命」と表現すればいいのかもしれませんね（笑）。

半藤　それはいいですね。私は『幕末史』でも薩長の暴力革命説を書いたので、薩摩や長州ではモテないんです。東北のほうではモテるようですけどね。しかしどう考えても、慶応元年のあのときにみんなで新しい国家を建設することを考えるべきだったんですよ。そのために、たとえば横井小楠《よこいしょうなん》（一八〇九～一八六九）のように開明的な人が幕政改革や公武合体を推進するなどして、新国家建設の方策を練っていたんです。坂本龍馬《さかもとりょうま》（一八三五～一八六七）の船中八策《せんちゅうはっさく》もそういう試みのひとつでしょう。

出口　ところが、薩長が暴力革命を起こしてしまった。

半藤　そうですよ。朝廷の経済力は一〇万石ぐらい、薩長を合しても、幕府の四〇〇万石にはかなわない。このままだと新政府をつくっても、徳川家に実権を握られてしまう。ならば、立ち上がるならいまだ、ということになります。彼らが、どうしても幕府を倒して自分たちが権力を握るんだと立ち上がったことで、慶応元年から三年間のゴタゴタが起きたわけです。よくこの慶応元年から明治元年までの三年間のことを「幕末」と呼びますが、そのゴタゴタは西南戦争まで続いたのですから、私はそれを含めた慶応元年から明治一〇年までの一三年間を「幕末」と呼びたいですね。

出口　もっといえば、ペリー来航からが幕末ではありませんか。阿部正弘の英断により鎖国体制が終わってから、西南戦争の終結により明治政府が一体化するまでが一連の混乱期だと考えれば、一八五三年から一八七七年までの四半世紀（二四年間）をひとつの中間期と見ることもできると思います。

半藤　そういう見方は可能なんですが、「末」と呼ぶにはいささか長すぎるような気もするんですよ。

出口　たしかに「幕末」と呼ぶなら、もうちょっと短いほうがいいでしょうね。

半藤　が、戊辰戦争の時期だけを幕末とするのは短すぎると思いますし……。

錦《にしき》の御旗《みはた》に負けた徳川慶喜

出口　その戊辰戦争ですが、あのとき薩長（官軍）が掲《かか》げた錦の御旗の重みはどれぐらいのものだったのでしょうか。それだけで幕府軍がひれ伏してしまったようにいわれたりしていますが。

半藤　それが私にもよくわからないんですよ。そもそも、水戸学を奉じていた徳川慶喜（一八三七〜一九一三）にそれほどの尊皇心があったのかどうか。徳川慶喜は、鳥羽伏見《とばふしみ》の戦いに向かう自分たちの軍隊に対して、「一千騎が最後の一兵になるまで戦え。断固として薩長の奴らを叩《たた》き潰《つぶ》せ」と命令したわけですよ。それほどの覚悟で送り出したのに、相手がイカサマの錦の御旗を三本出してきただけでメタメタになっちゃったでしょ。だけど、錦の御旗なんて誰も見たことがないんですからね。

共同通信社

徳川慶喜◎（とくがわよしのぶ／一八三七［天保八］〜一九一三［大正二］　在職一八六六〜一八六七）江戸幕府第十五代征夷大将軍。水戸藩主徳川斉昭の七男。はじめ一橋家を継ぎ、将軍家茂を後見職として補佐。一八六六年（慶応二）に将軍に就くが、翌年大政奉還。江戸城を開城してからは、駿府（静岡）に隠棲。一九〇二年（明治三五）、公爵。

出口　本物かどうかもわからないですよね。

半藤　薩長方についた三条実美が「南北朝の昔は錦の御旗というものが立ったものだ。これを真似て作れ」と書院の奥から探し出した古文献を見せたという話です。それで桂小五郎の愛妾だった幾松《いくまつ》という芸者が京都で西陣織《にしじんおり》の布を買い、それを長州藩士の品川弥二郎《しながわやじろう》（一八四三〜一九〇〇）が長州に持って帰って、文献を参考にして三本作った。要するにイカサマです。でっちあげです。それを淀川《よどがわ》の北岸に立てたわけですが、総大将の慶喜は「敵方に錦の御旗が立ちました」という報告を受けたとたんに戦意を喪失して「江戸へ帰る」と言い出すんです。

出口　旗が偽物《にせもの》ではないかと疑おうともしないんですよね。

半藤　そうなんです。「敵はいつから官軍になったのか」と問うこともなく、「自分は賊軍になるわけにはいかない」と言って、全軍引き上げ。まだ会津《あいづ》藩の松平容保《まつだいらかたもり》（一八三五〜一八九三）あたりが江戸でもういちど戦おうじゃないかとハッスルしているのに、慶喜さんは「もうよい」と大坂城からサッサと逃げ出しちゃったわけです。どうしてそうなってしまうのか、本当に徳川慶喜という人はわかりません。

出口　その意味では、鳥羽伏見の戦いの帰趨《きすう》を決めたのは、徳川慶喜という人のよくわからない個性の問題だったともいえますよね。もしあそこで慶喜が戦いを続けていたら、勝敗はどちらに転んだかわからない。

半藤　そうですよ。あのとき慶喜自身が先頭に立って出て行ったら、どっちにつこうかと日和見《ひよりみ》的な態度で布陣していた連中が、みんな徳川方に味方したかもしれません。ところが慶喜はみずから出陣するどころか、たかだか旗三本で全軍を撤退させてしまった。

出口　幕府軍の兵隊たちは「何やこれは」と拍子抜けしますよね。

半藤　それでも元気のいいのが何とか態勢を立て直そうと向かった淀城からは入城を拒否され、日和見していた津藩から「この賊軍め」と罵倒されて大砲を撃ちこまれる。新選

国立国会図書館蔵

松平容保◎（まつだいらかたもり／一八三五［天保六］～一八九三［明治二六］）陸奥国会津藩主。高須藩主松平家に生まれ、会津藩主松平容敬の養子となる。桜田門外の変後、江戸に出て幕政参与に。京都守護職となり、京都の治安と公武合体に力を尽くし、孝明天皇の信頼を得た。禁門の変で長州勢を撃退。王政復古で京都守護職を免ぜられ、鳥羽伏見の戦いで敗れる。会津で謹慎したが、会津戦争に佐幕派の奥羽越列藩同盟の中心となって戦い、新政府軍に攻められ降伏。一八八〇年（明治一三）日光東照宮宮司となった。

組の連中も戦っていますから、「やってられん」と思ったでしょうね（笑）。

出口　物事はいったん弾みがつくと止められなくなることが多いので、僕はなんとなく、鳥羽伏見の戦いで慶喜が船に乗って大坂から江戸に帰ってしまった時点で、事実上の決着がついてしまったような気がしています。

半藤　おっしゃるとおりです。鳥羽伏見で慶喜が大坂から逃げ出したところで、終わりですね。それ以降は余計な話なんですが、薩長軍――私は「官軍」とはいいませんから薩長軍とか西軍とか呼びますが（笑）、彼らにいわせれば中途半端なんですよね。やっぱり、慶喜の首を斬《き》りとらないと腹の虫が治まらないんでしょう。だから京都の朝廷で、慶喜の首を取るまで続けることが決定されるわけです。

出口　その意思決定は公家たちによるものですよね。明治天皇はどの程度関わっていたのでしょう。

半藤　もちろん、明治天皇は当時一七歳ですから、そんな席にはいないと思います。

出口　三条、岩倉あたりが、天皇の名前において慶喜追討を決めたのでしょうか。

半藤　その二人が中心でしょうね。「討幕の密勅」なるものは、岩倉らによる偽造文書であることはもう明瞭です。公家の後ろ盾があるから、いつの間にか薩長軍が「官軍」、幕府軍が「賊軍」になってしまいました。

出口　実際は既存の社会体制を破壊した暴力革命なのに、最初から正統性があったかのような形を作ったわけですね。

半藤　だから後年、「明治維新」などという言葉を作り出して、暴力革命を正当化したんですよ。そのときはすでに薩摩の藩閥が潰れていましたが、長州中心の明治政府がその言葉を持ち出して、いかにも自分たちがやったことは正しかったように取り繕ったんです。

戊辰戦争は東北諸藩の反乱ではなく「防衛戦争」

出口　鳥羽伏見の戦いで慶喜が逃げ出し、江戸の無血開城が行なわれた後も、会津藩の松平容保をはじめとして、東北の諸藩は薩長軍に抵抗を続けましたよね。彼らはなぜあそこまで抵抗したんでしょうか。やはり、薩長の行動に正統性を認めることができなかったのですか。

半藤　いや、西軍が「官軍」を名乗って強引に攻めてきたから、やんぬるかな、戦わざるを得なかったんですよ。向こうがあそこで戦争をやめて「仲良くしよう」と言ってくれば、べつに戦争をする必要はなかったんです。

出口　ところが西軍のほうは、鳥羽伏見では相手が腰砕けで終わり、江戸城も無血開城で片づいてしまったものだから、勢いがあまっている。このままでは、実力で天下を取ったという気がしない。そこで、「そういえば北のほうにまだ敵がいるぞ」と気がついて、東北へ押し寄せたというわけですね。

半藤　向こうはそうなんですよ。

出口　しかも京都守護職だった松平容保に対しては、新選組などを使って攘夷派を弾圧したことへの恨みもありますから、叩き潰したい動機もあったわけですね。だから一気呵成《かせい》に攻め込んだ。

半藤　そうなると、会津としても抵抗せざるを得ません。

出口　長岡藩もそうですか。

半藤　長岡なんて、藩論はほとんど西軍への恭順《きょうじゅん》で固まっていましたからね。いまさら内戦をやる必要はまったくなかったんです。陸奥《むつ》、出羽《でわ》、越後《えちご》の奥羽越列藩同盟《おううえつれっぱんどうめい》にしても、結成されたのは西軍が攻めてきてからですからね。

出口　会津藩と庄内《しょうない》藩が朝敵として攻撃の対象になったので、その赦免嘆願《しゃめんたんがん》をするために結ばれた同盟ですね。しかし赦免嘆願が拒絶されたので、軍事同盟になった。

半藤　何か知らないけど、「鳥羽伏見の戦いで反乱した藩は潰す。覚悟しろ」などと言いながら西軍が攻めてきたら、それぞれ自分の藩の殿様を守らなければならないと考えるのは当然ですよね。

出口　つまり奥羽越列藩同盟にしてみれば、これは反乱ではなく、防衛戦争ということになるわけですね。

半藤　はい、無法な暴力に対する防衛戦争です。私はそう考えていますね。ですから、いまでも奥羽の人たちは「明治維新一五〇年」と名乗るイベントには参加しない。「われわれにとっては戊辰戦争一五〇年である」というわけです（笑）。

出口　あくまでも防衛戦争だとすると、会津の松平容保や奥羽越列藩同盟のほうには、薩長を倒して徳川政権を復活させるという青写真はなかったんですね。

半藤　それはありませんね。

出口　輪王寺宮《りんのうじのみや》（後の北白川宮《きたしらかわのみや》）を担《かつ》いだ北部政権構想（奥羽越列藩同盟の盟主に就任した輪王寺宮を「東武皇帝」に推戴するという構想）が知られていますが、現実的な政権奪取の戦略はそれほどなく、「男の意地を見せるんだ」という反骨精神のようなものが中心だったのでしょうか。

半藤　そういう勢いだけでしょうね。無抵抗で降伏したのでは武士の面目《めんぼく》が立ちませんから。会津の場合は、少なくとも容保さんを守らなければいけなかった。あのとき会津の家老二人が腹を切りましたが、彼らは容保さんが文久《ぶんきゅう》二年（一八六二年）に京都守護職に就任するのを止められなかったんですよ。

出口　松平容保は当初、徳川慶喜や松平春嶽《しゅんがく》からの要請を断わっていたんですよね。家臣も京都守護職就任反対で一致していたのに、春嶽が「会津藩は将軍家を守護すべし」という初代会津藩主、保科正之《ほしなまさゆき》（一六一一～一六七三）の家訓を持ち出したことで、京都守護職への就任を承諾したといわれています。

半藤　そのとき二人の家老が「殿、残念ながら、これはとてもお勤めできませんから、お断わりして帰りましょう」と病弱の容保に強く進言すべきだったんです。事実、このとき容保は病床についていて頭もあがらなかったのではなかったかな。ところが、それを言い損なった。だから二人とも、「自分たちは不忠の臣であった」と切腹したわけです。そのあたりは、松平容保という人も不運ですよね。その会津藩だけでなく、鶴岡《つるおか》藩も長岡藩も、みんな防衛戦争として戊辰戦争をやったんです。

坂本龍馬と船中八策

出口　話は前後しますが、そういう幕末における坂本龍馬の存在はどう位置付ければいいのでしょうか。龍馬が結びつけた薩長は暴力革命に向かいましたが、その一方で、船中八策は新しい国家建設に向けたアイデアのひとつでした。でも龍馬がここまで有名になったのは、司馬遼太郎さんのペンの力によるものですよね。

半藤　たしかに、司馬さんの『竜馬がゆく』がなければ、いまだに単なるチンピラ扱いじゃないですか。私が子供の頃、戊辰戦争や明治維新を描いた映画がよくありましたが、龍馬が主役になる映画はひとつもありませんでした。だいたい、主役は桂小五郎と西郷さんでしたね。

しかし、龍馬が幕末のヒーローのひとりであることは間違いありません。文久二年（一八六二年）に土佐《とさ》藩を脱藩してから慶応三年（一八六七年）に京都の近江《おうみ》屋で殺害されるまでのほんの五年のあいだに、まさに超人的な行動力を見せたと思います。ただし、薩長同盟にしろ船中八策にしろ、坂本龍馬自身の発想したものではありません。ほかの人のアイデアをそっくりそのままいただいているだけで。

出口　阿部正弘のようにみずから大きなビジョンを描ける人ではないですよね。

半藤　はい。しかし、アイデアはない代わりに、人が考えた良いアイデアを実現させるための斡旋《あっせん》をやらせたら天下一品。

出口　いわばプロデューサー的な役割ですね。

半藤　そうです。高知県の桂浜《かつらはま》にある坂本龍馬記念館に私が遊びに行ったとき、ちょうど同時代人たちが龍馬をどう見ていたかを紹介する展覧会をやっていたんですね。それを見ると、勝海舟、松平春嶽、大久保一翁、木戸孝允など、龍馬に会った人物はみんな彼のことをベタ褒《ぼ》めですよ。こんなに人の話をよく聞き、嫌がらずに実行する人はいない。褒めるのはそういう部分ですよね。

いちばんわかりやすい例は、やはり勝海舟との出会いでしょう。龍馬が勝さんを斬りに行ったのは、どうやら本当らしいですね。ところが勝さんに「斬る前に俺の話を聞け」と言われて、黙って聞いた。それで勝さんが世界情勢についてひととおり喋《しゃべ》ると「ははあ、なるほどそうか」と感心して、頭を切り換えたんですね。そこから一気に開国派になって、幕末の世を走り回ったんです。あの時代の狂言回しとしては得難い人材でした。

出口　たしかに斡旋屋としては非常に高い能力を持っていたと思うんですが、果たして坂本龍馬がいなかったら明治維新が別の形になったかというと、僕は正直ちょっと疑問なんですよ。薩摩と長州が最初から徳川への恨みを晴らそうと決めていたとしたら、龍馬が薩長同盟を斡旋しなくても、結果的には同じことになったのではないかと。そこはいかがでしょう。

半藤　これは難しいところですが、薩摩と長州がバラバラにやったのでは、やはり幕府を倒せなかったと思います。いまでも薩摩の人たちは「長州と一緒にするな」と言うぐらいですから、本当に仲が悪いんですよ（笑）。蛤御門《はまぐりごもん》の変《へん》（一八六四）では、薩摩が幕府側について大戦争をして長州側をやっつけているわけですし。その二年後に両者を結びつけて薩長同盟を成立させた龍馬の手腕は相当なものでしょう。その意味では、龍馬がいなければ薩長の暴力革命が成就《じょうじゅ》したかどうかわからないですね。

出口　なるほど。もともと薩摩の島津家には、先祖が源頼朝《みなもとのよりとも》（一一四七〜一一九九）の御落胤《ごらくいん》だという伝説がありますよね。だから薩摩にしてみたら、自分たちは徳川家よりはるかに格上だという意識がある。そういう気位の高さがありますから、長州のことも見下していたのかもしれませんね。「毛利元就《もとなり》は、成り上がり者じゃないか」と。

半藤　まあ、こんな言い方をすると怒られるかもしれませんが、毛利元就はある意味で泥棒みたいなものですからね（笑）。

出口　最初は安芸《あき》の小国の領主にすぎなかったのに、いろいろな策略を弄《ろう》して、勢力を拡大しましたからね。薩摩から見れば、一緒にはされたくないと思っても不思議ではありませんね。

半藤　そういう気持ちはあったと思いますね。たとえば関ヶ原の合戦は毛利さんが総大将だったから、薩摩はあまり動かなかったじゃないですか。「俺たちは毛利の下になんかつきたくないよ」ということですよね。もっとも、そうはいっても関ヶ原で一緒になったことはなったんですが。

出口　しかし、「徳川への恨み」という一点だけは共有できた。

半藤　でも、やはりお互いを疑っているんですよね。長州のほうも薩摩があまり好きではないので、薩長同盟を結んだときも、龍馬の立ち会いの下で西郷隆盛と証印《しょういん》した桂小五郎が、あとでわざわざ手紙を龍馬に送って「本当に間違いないだろうな。裏切るんじゃないか」と念押ししているんですよ。その手紙はいまでも残っていて、龍馬がその裏に「間違いない、俺が保証する」という意味のことを赤い文字で書いています。やはり、どうにも薩摩は信用できないという気持ちがどこかにあったのでしょう。

出口　直前まで京都で殺し合いをやっていたわけですから、疑心暗鬼が生じるのも無理はないでしょうね。

半藤　そういう意味では、龍馬という斡旋屋が間に入らなければ、薩長があんなにうまく結びつくことはなかったんじゃないでしょうか。ただし薩長同盟のアイデアそのものは土佐の中岡慎太郎《なかおかしんたろう》（一八三八〜一八六七）と土方久元《ひじかたひさもと》（一八三三〜一九一八）によるものです。ただし、この二人じゃどうにもならなかった。それを実現させたのは坂本龍馬ですね。

出口　薩長同盟については、必ずしも倒幕を意図したものではなく、二度の長州征伐を指導した一会桑《いちかいそう》政権（一橋《ひとつばし》慶喜、会津藩、桑名《くわな》藩）の打倒・長州の復権が目的だったという説も出されており、未だ実態がよくわからないところがありますね。ともあれ、どの世界でも、将来のビジョンや設計図を描く人と、実際にそれを具体的な行動に落とし込む人は違いますからね。同じ人がやれればいいけれど、そんなに器用な人はあまりいません。龍馬は、実際に動き回るほうのタイプの人だった。一八六七年（慶応三年）に起草した船中八策も、いろいろな人の意見をうまくまとめたものでした。

半藤　あれは簡単にいえば、新しい国家の設計図でした。まずは「天下ノ政権ヲ朝廷ニ奉還セシメ」た上で、「上下議政局ヲ設ケ、議員ヲ置キテ万機ヲ参賛セシメ、万機宜《よろ》シク公議ニ決スベキ事」と。これは翌年（慶応四年）に明治天皇が示した五箇条の御誓文の第一条「広く会議を興し万機公論に決すべし」と同じです。

出口　もとはといえば、阿部正弘が開国に関して、広くみんなの意見を聞いたことから始まっているような気もします。

半藤　さらに「有材ノ公卿諸侯及ビ天下ノ人材ヲ顧問ニ備ヘ官爵ヲ賜ヒ、宜シク従来有名無実ノ官ヲ除クベキ事」と人材登用に言及し、その次に「外国ノ交際広ク公議ヲ採リ、新ニ至当ノ規約ヲ立ツベキ事」と、外国との交際を通じて新しい文明をどんどん取り入れることを述べています。

出口　これは勝海舟の影響でしょう。

半藤　次に「古来ノ律令ヲ折衷シ、新ニ無窮ノ大典ヲ撰定スベキ事」とあるのは、しっかりとした憲法を作ることでしょう。「海軍宜シク拡張スベキ事」と国防の要諦に触れた後には、「御親兵ヲ置キ、帝都ヲ守衛セシムベキ事」とあります。幕藩体制の下では兵隊を各藩が持っているので、天皇家は自前の兵を持っていません。しかし新しい国家では天皇陛下を国の中心に置くので、御親兵を置いて守らなければいけない。

出口　いわゆる近衛《このえ》部隊を新設するわけですね。

半藤　そして最後に「金銀物貨宜シク外国ト平均ノ法ヲ設クベキ事」と経済政策にも言及していますね。

出口　幕末の日米円ドル戦争（金銀の交換比率）では幕府が痛い目を見ましたからね。

半藤　あちこちから聞いたアイデアをまとめた龍馬の知恵は、大変なものだと思います。他人のアイデアを自分のものにしている。ここまでちゃんとした国家の設計図を描けた人は、当時あまりいなかったのではないでしょうか。

出口　そういえば、田中角栄《たなかかくえい》さんの列島改造論も各省庁の役人たちのアイデアを上手にまとめたものでした。角栄さんの政策が良かったかどうかはわかりませんが、まとめる能力の高い人がいないと世の中は動かないということですね。逆にもし龍馬がいなかったら薩長同盟は成立せず、結果的に徳川政権が続いていた可能性も考えられるのでしょうか。

半藤　どうでしょうか。ご金蔵は空っぽだったし……。阿部正弘亡きあとのトップの人材にはさしたる人物がいなかったようですし、徳川慶喜は信念のぐらぐらする男であったし……。でも、たしかに、龍馬がもっと早めに殺されていたら、こうもうまく歴史が動かなかったかもしれませんね。

五万石を薩長に「盗まれた」長岡藩

出口　戊辰戦争の話に戻りますが、最後は榎本武揚《えのもとたけあき》（一八三六～一九〇八）が北海道まで逃れました。

半藤　東北での戦いは慶応四年（一八六八年）にはほとんど片がついていましたが、いわゆる箱館戦争《はこだてせんそう》は明治二年（一八六九年）まで続きました。新政府の徳川家に対する処置があまりにも厳しく、およそ八万人の幕臣を雇《やと》うことができなくなったので、海軍副総裁の榎本武揚が幕臣たちを蝦夷《えぞ》地に移住させ、箱館政権を樹立したんですね。それが新政府軍に屈したところで、戊辰戦争は終結しました。

出口　暴力革命が成就したわけですね。それが、新しい国家を築くための正義の戦いだったように語られたわけですね。

半藤　私も子供の頃から皇国史観という名のいわば「薩長史観」を学校で教え込まれていましたが、父方の祖母には逆のことを教わりましたよ。父の実家は越後《えちご》なんですが、夏休みに遊びに行くと、祖母が「東京には勲章をつけた偉い奴がたくさんいるみたいだけど、あの連中はみんな泥棒だよ。無理やり喧嘩を売ってきて、七万四〇〇〇石の長岡藩から五万石を盗んでいったんだ。おまえは、あんな奴らを尊敬することないだぞ」という話をされたものですよ。

出口　なるほど、「盗まれた」という感覚なんですね。

半藤　実際、長岡藩は降伏した後で五万石を取り上げられて、二万四〇〇〇石しか残らなかったんですよ。祖母からそんな話を聞かされて、「へえ、そういう見方もあるのか」と気づかされたおかげで、あまり皇国史観に毒されることなく育ちましたね。

　ともかく戊辰戦争で負けてからの長岡は大変な苦労をしたんですよ。たとえば「米百俵」で有名な長岡藩の大参事・小林虎三郎《こばやしとらさぶろう》（一八二八〜一八七七）がお寺の本堂を借りて国《こっ》漢《かん》学校をつくったのも、もう人材を育てる以外に復興の術《すべ》がなかったからです。それを首相時代の小泉純一郎《こいずみじゅんいちろう》さんは間違った形で引用しましたが（笑）。

出口　あの国会演説では、「痛みに耐えろ」と我慢を強調していましたが、教育政策とはあまり関係のない話になっていましたね。

半藤　そうなんですよ。ほかに方法がないから、小林虎三郎は周囲の反対を押し切って米百俵を売ったお金を学校と病院の建設に使ったんです。人材育成の重要性をいわなければ、「米百俵の精神」の意味を正しく理解したことにはなりません。

出口 小林の人材育成の目的は、いわば薩長の暴力革命に対する一種のリベンジですよね。

半藤 そういうことです。

出口 会津藩もじつに可哀想で、負けて全部召し上げられるんですよね。その後、青森の斗南藩《となみはん》に行くんですが、気候が厳しいので、みんな死んでいくんですよ。それで、これは本当かどうかわかりませんが、もともと斗南で暮らしていた女性たちが、「こんな可愛い男の子を死なせるのは可哀想だ」とか「こんな親切な人を殺しちゃいけない」など、ハンサムな男性や、女性にマメな男性を養ったおかげで、辛うじて会津の血が受け継がれたという話があるぐらいです。それ以外の男たちはみんな死んでしまった。

半藤 しかも明治時代に入ってから、いわゆる「賊軍」の藩の人たちはひどく差別を受けました。たとえば司馬遼太郎さんが『坂の上の雲』で描いた秋山真之《あきやまさねゆき》、秋山好古《よしふる》、正岡子規《まさおかしき》の松山藩《まつやま》は賊軍です。だから、ものすごく苦労した。差別があるから、軍の学校にしか行けないわけですよね。

それから、終戦時の総理大臣だった鈴木貫太郎《すずきかんたろう》さん。この人は生まれが大坂なんですね。ちょうど大坂城が西軍に乗っ取られてバーンと爆発したときに生まれたという数奇な人なんですよ（笑）。その貫太郎さんは海軍に入るんですが、差別を受けて、自分より後から入った成績の悪い奴らが薩長の出身というだけでどんどん偉くなっていく。それで「自分はこんな海軍にはいられない、不愉快だ」と言うと、親父が「おまえは偉くなるために海軍に入ったのか。この国を守るために入ったんだろう」と怒るものだから、そのたびに思い直して海軍に居続けるんです。

出口　薩長閥の世の中ですから、賊軍出身者は辛いですね。

半藤　賊軍藩の出身はだいたい官になれないんですよ。だから賊軍藩出身の人が自分で身を立てようと思ったら、軍人になるか、医者になるか。

出口　あるいは商売をするか、ですよね。教師は公務員だから無理ですか。

半藤　公務員はダメです。でも、教師には容易になれたんじゃないですかね。

出口　まさに差別ですね。

半藤　たとえば仙台に「河《か》北《ほく》新《しん》報《ぽう》」という新聞社があるでしょ。あれは「白河以北一山百文」、つまり「東北地方は賊軍の地だから一山いくらでしか売れない」などと言われたものだから、「こんちくしょう」と反骨精神でつけた名前なんですよ。

【図3】朝敵藩名の県名はひとつもない
宮武外骨『府藩県制史』より

	旧藩名	旧県名から現県名への変遷(年は明治)	県庁所在地
曖昧藩	**熊本藩**	肥後国小川名の**白川県**と改称、再置の熊本県は九年二月	(熊本)
朝敵藩	**松江藩**	出雲国島根郡の**島根県**と改称、それが現存	松江
朝敵藩	**姫路藩**	播磨国飾東郡の**飾磨県**と改称、九年八月兵庫県に合併	神戸
朝敵藩	**松山藩**	伊予国高山名の**石鉄県**と改称、六年二月愛媛県と改称	松江
曖昧藩	**宇和島藩**	伊予国神南山の**神山県**と改称、石鉄県と合わせ愛媛県	松山
朝敵藩	**高松藩**	讃岐国香川郡の**香川県**と改称、再三廃合復県、現存	高松
曖昧藩	**徳島藩**	阿波国名東郡の**名東県**と改称、再置の徳島県は十三年三月	(徳島)
朝敵藩	**桑名藩**	桑名県と曖昧藩津藩の津県を廃して三重郡四日市の**三重県**	津
徳川家	**名古屋藩**	尾張愛知郡の**愛知県**と改称、それが現存	名古屋
徳川家	**水戸藩**	常陸国茨城郡の**茨城県**と改称、それが現存	水戸
曖昧藩	**金沢藩**	加賀国石川郡の**石川県**と改称、それが現存	金沢
同分家	**富山藩**	越中国新川郡の**新川県**と改称、再置の富山県は十六年五月	(富山)
朝敵藩	**小田原藩**	相模国足柄郡の**足柄県**と改称、九年四月廃止、神奈川県	横浜
朝敵藩	**川越藩**	武蔵国入間郡の**入間県**と改称、六年六月廃止、熊谷県	↓廃
曖昧藩	**岩槻藩**	武蔵国埼玉郡の**埼玉県**と改称、それが現存	浦和(現在はさいたま市)
朝敵藩	**佐倉藩**	下総国印旛郡の**印旛県**と改称、六年六月廃止、千葉県	(千葉)
曖昧藩	**土浦藩**	常陸国新治郡の**新治県**と改称、八年五月廃止、茨城県	水戸
朝敵藩	**松本藩**	信濃国筑摩郡の**筑摩県**と改称、九年八月廃止、長野県	(長野)
朝敵藩	**高崎藩**	上野国群馬郡の**群馬県**と改称、それが現存	前橋
朝敵藩	**仙台藩**	陸前国宮城郡の**宮城県**と改称、それが現存	仙台
朝敵藩	**盛岡藩**	陸中国岩手郡の**岩手県**と改称、それが現存	盛岡
朝敵藩	**米沢藩**	羽前国置賜郡の**置賜県**と改称、九年八月山形県に合併	(山形)

「明治五年正月後に朝敵藩名の県名は一つもない。朝敵藩、曖昧藩には藩名をつけず、郡名または山川名等を県名としたということである」と外骨は記している。※朝敵藩＝錦の御旗に刃向かった藩　※曖昧藩＝日和見の曖昧な態度だった藩

出口　なるほど、官軍への批判が込められているわけですね。

県名、軍隊、華族に見る賊軍差別

半藤　賊軍藩が粗末に扱われていたことは、のちの廃藩置県（一八七一）を見てもよくわかりますよ。宮武外骨《みやたけがいこつ》（一八六七～一九五五）の『府藩県制史』によると、県名と県庁所在地が異なる県が一七ありまして、そのうち「朝敵」とされた藩が一四、残りの三つは小藩連合県なんですね。廃藩置県で「藩」が「県」に変わるにあたって、賊軍藩は県庁所在地を旧藩の中心都市から別にされたり、県名を変えさせられるなどの差別を受けた。外骨はそう指摘しているんです（図3）。

出口　たしかに。会津藩は「会津県」ではなく「福島県」ですよね。県庁所在地も会津若《わか》松《まつ》市ではなく、福島市。

半藤　県名と県庁所在地が同じという点では、外骨のいう差別を受けた県には入らないんですが、もし会津藩が西軍についていたら、会津県だったかもしれませんよね。わが長岡もそうです。県名は新潟、県庁所在地も新潟市ではありますが、廃藩置県の頃の新潟なん

【図4】陸軍中将・少将の出身地一覧

【陸軍中将の出身地一覧】

出身地＼期間(年)	～明治30	明治31～45	大正元～10
長　州	12(31.6)	24(19.7)	16(10.7)
薩　摩	13(34.2)	11(9.0)	10(6.7)
高　知	2(5.3)	7(5.7)	6(4.0)
福　岡	4(10.5)	1(0.8)	8(5.3)
佐　賀	0	1(0.8)	3(2.0)
熊　本	0	1(0.8)	9(6.0)
石　川	0	8(6.6)	1(0.7)
東　京	1(2.6)	5(4.1)	10(6.7)
全国合計(人)	38	122	150

【陸軍少将の出身地一覧】

出身地＼期間(年)	～明治30	明治31～45	大正元～10
長　州	40(32.0)	36(11.8)	43(10.9)
薩　摩	26(20.8)	22(7.2)	16(4.0)
高　知	6(4.8)	19(6.2)	10(2.5)
福　岡	4(3.2)	10(3.3)	28(7.1)
佐　賀	0	6(2.0)	16(4.0)
熊　本	1(0.8)	9(3.0)	14(3.5)
石　川	4(3.2)	10(3.3)	17(4.3)
東　京	2(1.6)	17(5.6)	29(7.3)
全国合計(人)	125	305	396

数字は、期間内の昇進者数を示す。(　　)内は全国合計に占める百分率(%)。『歴代顕官録』(原書房)、『陸海軍将官人事総覧』(芙蓉書房出版)より作成。薩摩には佐土原藩の出身者を含む。

て小さな漁港ですからね。ふつうに考えれば、県庁所在地は大きな長岡市、県名も「長岡」になるでしょう。松山藩も、賊軍だから愛媛県。外骨の作った一覧表を見ていただければ、そこに差別があったのは明白だと思いますよ。

出口　なるほど、桑名藩も三重県に吸収されてしまっていますね。

半藤　はい。桑名藩はものすごくいじめられましたからね。それから、明治以降の軍隊でも出身藩による差別がありました。これも表がありますが、明治のはじめから大正一〇年までの陸軍中将、陸軍少将の出身地を見てくださいよ（図4）。

出口　圧倒的に薩長が多いですね。

半藤　大将は薩長と宮様しかいません（図5）。たとえば明治の日清・日露戦争のころの陸軍大将は、といいますと、一九人いましたが、長州が八人、薩摩が六人、そのほか福岡出身が二人、それでおしまいです。しかも中将や少将クラスでも、同じくらい差別があったんです。

出口　賊軍藩の出身者は軍隊では出世できなかったんですね。

半藤　もうひとつ、「公侯伯子男」といわれる華族になれた人数にも大きな差があるんですよ（図6）。たとえば長州の山口県は、公爵三人、侯爵二人、伯爵七人、子爵一五人、男

【図5】日清・日露の両戦争で活躍し、大将になった人たち

【日清戦争】

陸軍大将	出身藩
山縣有朋	長州
小松宮彰仁《あきひと》親王	
大山 巌《いわお》	薩摩
野津道貫《みちつら》	薩摩
北白川宮能久《よしひさ》親王	
佐久間左馬太《さまた》	長州
川上操六《そうろく》	薩摩
桂 太郎	長州
黒木為楨《ためもと》	薩摩
奥 保鞏《やすかた》	福岡

海軍大将	出身藩
樺山資紀《かばやますけのり》	薩摩
伊東祐亨《すけゆき》	薩摩
井上良馨《よしか》	薩摩

【日露戦争】

陸軍大将	出身藩
山口素臣《もとおみ》	長州
岡沢 精《くわし》	長州
長谷川好道《よしみち》	長州
西 寛二郎	薩摩
児玉源太郎	長州
乃木希典《のぎまれすけ》	長州
伏見宮貞愛《さだなる》親王	
小川又次《またじ》	福岡
川村景明《かげあき》	薩摩

海軍大将	出身藩
山本権兵衛《ごんべえ》	薩摩
東郷平八郎	薩摩
有栖川宮威仁《ありすがわのみやたけひと》親王	
川村純義《すみよし》	薩摩
柴山矢八《やはち》	薩摩
鮫島員規《さめしまかずのり》	薩摩
日高壮之丞《そうのじょう》	薩摩
片岡七郎《しちろう》	薩摩
上村彦之丞《ひこのじょう》	薩摩
伊集院五郎	薩摩
出羽重遠《しげとお》	会津

※海軍の柴山矢八以下は明治年間に大将となった人々

爵四八人。合計で七五人も華族になっています。薩摩の鹿児島県は合計七一人。一方、たとえば出口さんのご出身地である三重県は男爵一人だけですね。

出口　まあ、なにしろいじめられた桑名藩のある県ですから、一人いるだけでもありがたいのかもしれませんね（笑）。

半藤　わが長岡の新潟県も男爵一人だけです。会津の福島県は男爵五人。

出口　福島県は大きいですからね。

半藤　しかし山口県の七五人に対してわずか五人ですからね。しかも男爵は爵位の中でもいちばん下です。子爵より上の華族はいない。爵位がなくなる戦後まで、こういう差別があったんですよ。いかに近代日本が薩長の支配下に置かれていたかがよくわかります。

出口　十一世紀のノルマン・コンクエストのようですね。アングロ・サクソン人が徹底してノルマン人の下に置かれた。

半藤　まさにそうです（笑）。ノルマン人がイングランドを征服したように、薩長が日本を征服したんですね。

出口　ノルマン・コンクエストで、イングランドを征服したウィリアム一世が行なった検地の結果を記録した「ドゥームズデイ・ブック（Domesday Book）」という土地台帳があるん

【図6】明治年間（1884〜1911年）に華族に列せられた出身地別家数（旧公家・大名［同分家］・神職を除く）

県名	公爵	侯爵	伯爵	子爵	男爵	計
青森県			1			1
宮城県				1	4	5
秋田県				1	1	2
山形県				1	1	2
福島県					5	5
茨城県			1		1	2
栃木県					1	1
埼玉県					1	1
千葉県					1	1
東京都			1	4	16	21
神奈川県					1	1
新潟県					1	1
石川県					12	12
福井県				2	8	10
長野県			1	1	7	9
岐阜県					5	5
静岡県					2	2
愛知県				1	6	7
三重県					1	1
滋賀県					3	3

県名	公爵	侯爵	伯爵	子爵	男爵	計
京都府					8	8
大阪府					3	3
兵庫県					6	6
奈良県					1	1
和歌山県			1		6	7
鳥取県				1	5	6
島根県				1	1	2
岡山県				1	12	13
広島県					8	8
山口県	3	2	7	15	48	75
徳島県			1		5	6
愛媛県					2	2
高知県		1	4	5	21	31
福岡県			1	4	12	17
佐賀県		1	3	2	9	15
長崎県				1	4	5
熊本県			1	2	1	4
大分県				1	1	2
宮崎県		1				1
鹿児島県	2	4	12	18	35	71

児玉幸多編『標準日本史地図　新修版』（吉川弘文館）をもとに作成した『賊軍の昭和史』（東洋経済新報社）掲載図より引用。

ですよ。そこには一八〇人ぐらい貴族の名前が載っているんですが、アングロ・サクソン系の名前は一桁しかいません。あとは全部ノルマン人。要するに、「勝てば官軍」というわけです。まさにノルマン人が薩長人、アングロ・サクソン人が賊軍なんですね。

半藤　本当にわかりやすいですよね。

岩倉《いわくら》使節団の留守中に西郷隆盛は何をしたか

出口　こういう差別があるという意味でも、やはり明治維新は「薩長革命」と呼んだほうが本質がわかりやすいですね。

半藤　土佐と肥前《ひぜん》を加えて「薩長土肥革命」でもいいですけどね。彼らは革命を起こして天下を取ったわけですが、その新しい国家には船中八策程度の設計図もなかったんです。

そういえば薩長土肥という言葉ですが、戊辰戦争の段階では肥前（佐賀）の兵隊の活躍はほとんどなかった、といってもいいのです。彰義隊との戦いから西軍は江戸城で戦利品として奪った犛牛《ぼうぎゅう》（からうし）の毛を被《かぶ》っています。毛の黒いのは薩摩、白いのは長州、赤いのは土佐のサムライなんですが、肥前のはない。革命戦争であまり役立たなかった肥前が何で麗々《れいれい》しく加わっているのか、と長年不思議に思っていたのです。

が、新政府がやった最初の荒療治ともいうべき明治二年の版籍奉還。藩を解体して、兵隊や収入源をすべて朝廷に差し出すという封建制解体の驚天動地の政策なんですが、これの提案書というか願書というか、「臣等居る所は即ち天子の土、臣等牧《ぼく》する所は即ち天子の民なり。安《いずくん》ぞ私有すべけんや」というものすごいことを最初にいいだしたのが薩長土肥の四人の殿様だった、とわかった。なるほど、それで明治新政府成立の正当性が証明された。いらい薩長土肥といわれるようになった、らしいのですね。

出口　なるほど。そうだったんですか。まあ、でも新政府の基本的な設計図は、すでに阿部正弘が描いていましたからね。開国・富国・強兵というグランドデザインが最初からあったので、革命を起こす必要は必ずしもありませんでした。

半藤　おっしゃるとおりだと思います。

出口　その後、明治新政府が新しい国家を作り上げる上では、岩倉使節団の存在がすごく大きいと思うのですが、いかがですか。

半藤　それは大きかったと思います。

出口　使節団を実質的に立案したのは、おそらく大久保利通《おおくぼとしみち》ですよね。あのとき大久保の頭にあったのは、「攘夷」の問題だと思います。「尊皇攘夷」を「尊皇倒幕」に切り替えて革命を成就させたとはいえ、まだ攘夷の精神は残っていたでしょうからね。

半藤　そうです。「攘夷をするための開国」でしたから、攘夷は消えていないんですよね。

出口　攘夷が残っていれば、徳川を倒したら、次は外国をやっつけようという話になりますよね。しかし新しい国家を築く上で殖産興業による「富国」を優先したい大久保としては、攘夷の気運を消さなければいけなかった。そのためにいちばん手っ取り早いのは、欧米列強の実態をみんなに見せることです。あれだけの要人たちを長期にわたって外国に渡らせれば、留守のあいだに国内の政治が混乱するのはわかっていたでしょうが、それでも構わないと割り切って断行した。実際、岩倉使節団の留守を預かった政府には開明派がいなくなったので、廃仏毀釈《はいぶつきしゃく》のようなバカバカしい運動をうまく収めることができませんでした。

でも、そういう犠牲を払ってでも、大久保は人心を一新したかったのでしょうね。もともと阿部正弘が考えていた開国・富国・強兵というプランを薩長政権で実行するには、みんなを無理やりにでも外国に連れていって「現時点の国力では攘夷は不可能」と洗脳する必要があったのではないでしょうか。

半藤　薩長の連中は、新しい国家をどうやって作るかというイメージをほとんど持っていなかったんですよね。唯一、大久保の頭の中にだけはあったと思います。憲法を作ることまで考えていたか、共和国を作るイメージだったのか、どの程度の設計図だったのかはわかりませんが、いずれにせよ、自分が説得するより、みんなが西洋で学んできたほうが早い。だから、当時のおもだった人材はみんな岩倉使節団のメンバーになりました。ほとんど政府が丸ごと出て行ったようなものです。

出口　留守宅はガラガラですよね。

半藤　こんなことを言っちゃ悪いけど、残ったのは、三条実美や山縣《やまがた》有朋《ありとも》のような少しレベルの低い人間ばかり（笑）。

サンフランシスコでの岩倉使節団。右から大久保利通（副使）、伊藤博文（副使）、岩倉具視（大使）、山口尚芳（副使）、木戸孝允（副使）。

岩倉使節団（いわくらしせつだん）◎岩倉具視を特命全権大使とし、政府首脳を海外に派遣した使節団。一八七一年（明治四）、同行の留学生とあわせて約一〇〇人が横浜港を出港。一二カ国を巡り、各国元首らに会い、施設や制度を視察。七三年帰国。

出口　優秀な人たちはみんな岩倉使節団。

半藤　本当に、「こんなに連れていって大丈夫なのか？」と恐ろしくなるぐらいですよ。だから、留守を守ってもらうために西郷さんを鹿児島から引っ張り出してくるわけです。西郷さんは、最初は断わったんですよ。山縣有朋が口説《くど》きに行ったら、「いや、俺は政府なんて嫌だ。毎日タバコを吸ってボーッと欠伸《あくび》ばかりしてるような連中と一緒にやりたくない」と。実際、あの連中はみんなそうだったと木戸孝允が書いています。官庁に出て行っても何をしていいかわからないものだから、座禅を組んだりタバコを吸ったりして一日をやり過ごしている（笑）。

出口　しかし最終的には西郷さんが引き受けました。

半藤　はい、明治四年（一八七一年）二月に西郷さんは江戸へやってきます。大久保さんは西郷さんに念を押してから日本を離れるんですよね。「すでに決めたことは変えるな。新しいこともするなよ」と。西郷さんがそれをどんな顔で聞いていたのか知りませんが、まあ、「わかった」と答えたんでしょうね。それで大久保も「大丈夫だろう」と思って旅立った。ところが留守のあいだに西郷さんがいろんなことを変えちゃったんです。

出口　そこがまさに先生にお聞きしたかったところなんです。大久保さんたちがいないあいだに西郷さんが何をやったのか。そもそも、大久保さんと西郷さんの関係はどういうものだったのか。

半藤　岩倉使節団が出発したのは明治四年の一一月ですが、その少し前の七月に、明治政府は廃藩置県を行ないました。それまでの藩を潰して大名を全否定する大改革ですから、並大抵の仕事ではありませんよ。これは西郷隆盛という大物を引っ張り出したからこそできたことです。その後、岩倉使節団が出発してからは、新橋《しんばし》から横浜《よこはま》までの鉄道開業（一八七二）、太陽暦の採用（一八七三）、徴兵令（一八七三）などが続きます。さらに、政府への旧幕府の人材登用も西郷さんがどしどしやりました。

出口　タバコを吸っているばかりで何もできない薩長の人たちと違って、幕府の役人だった人たちは政府の動かし方を知っていますからね。

半藤　そういうことです。嫌がる勝海舟が政府に引っ張り込まれたのも、このときでした。とにかく政府の態勢をちゃんと整えなければいけないので、榎本武揚も含めて、旧幕府の人材をどんどん登用した。福澤諭吉《ふくざわゆきち》は『瘠我慢《やせがまん》の説《せつ》』で明治政府に入った勝海舟や榎本を批判しましたが、勝さんはべつに尻尾《しっぽ》を振って政府に入って高官になったわけじゃありません。「日本のために頼む」と言われて、仕方なく「西郷のためなら手伝うか」と重い腰を上げたんですよ。それを悪くいうから、私は福澤諭吉が嫌いなんです（笑）。それでその私が慶應大学出身者に嫌われている（笑）。

出口　いま挙げられた西郷の行動のうち、大久保が了解していたものはどれぐらいあるんでしょうか。

半藤　あんまり了解していなかったんじゃないでしょうか。もっとも、西郷もひとりでそんなに思い切ったことはできません。勝海舟や大久保一翁ら旧幕臣たちの知恵によるものであったかもしれません。あるいは、たとえば汽車ポッポを走らせることなどは、すでに大久保が手を付けていた事業かもしれませんね。

「現実主義者・大久保利通」対「理想主義者・西郷隆盛」

出口　当時の政府では、三条さんや岩倉さんは陰謀は得意でも所詮は公家ですから、能力的にはやはり大久保利通がいちばん優秀だったわけですよね。その大久保と西郷の役割分担はどういうものだったのでしょう。

半藤 西郷というのは面白い人で、戊辰戦争が終わったら、その年の一一月に「俺はもう嫌だよ」と鹿児島に帰っちゃうんですよね。だから、西郷は新政府が発足したときにはまったく参加してないんですよ。

出口 そのあたりは本当に動きが読めない人物ですね。

半藤 これはかねてからの私の持論なんですが、西郷さんは毛沢東《もうたくとう》と似ていると思うんです。こう言うと「毛沢東のほうが西郷より後だろう」と怒られるかもしれませんので、毛沢東が西郷さんに似ていると言ったほうがいいでしょうか（笑）。共通点としては、まず二人とも詩人なんですよね。

出口 はい。毛沢東は中国共産党の創設以降、壮大な多くの詩（詞）を創っています。詩人としての評価も高いですよね。西郷も、優れた漢詩を作っています。

半藤 第二に、二人とも農本主義者。そして第三に、西郷も毛沢東も永久革命家なんです。ここが大久保とは全然違う。

出口 なるほど、大久保さんはリアリストですから、どちらかといえば毛沢東ではなく周《しゅう》恩来《おんらい》や鄧小平《とうしょうへい》に近いタイプですね。仕事がものすごくよくできる人。

半藤 たしかに、大久保は周恩来のようなタイプかもしれません。「早く国家を作るにはどうすればよいか」と考える現実主義者です。一方の西郷さんは王道楽土《おうどうらくど》を理想とする永久革命家なので、非現実的な面があるんですよ。理想に向かって突き進みたい人だから、事務的なつまらない仕事はどうでもいい。

出口　夢見る詩人ですね。

半藤　たとえば薩摩藩の権力者への態度を見ても、西郷と大久保は対照的です。西郷は島津斉彬に抜擢《ばってき》されましたが、次の藩主（島津忠義《ただよし》）の実父として権力を握った島津久光《ひさみつ》（一八一七〜一八八七）とは折り合いが悪く、のべつ衝突しているんですよね。久光はどうにもならない男なので、それも無理はないとは思いますが、いちいち「殿様、それは間違っています」と楯突くものだから、沖永良部島《おきのえらぶじま》に流罪《るざい》になってしまう。

出口　斉彬が急死した直後にも奄美大島《あまみおおしま》に流されていますから、それが二度目ですよね。

半藤　それに対して大久保は、久光をうまく使わないと倒幕という大仕事はできないと考えていました。だから久光に気に入られるように、久光の好きな碁を一所懸命に習ったりするんです。実際、久光に取り立てられたおかげでグングンと藩内で存在感を高めていきました。自分が描いた設計図を実現するためには、手段を選ばない。そういう意味で、大久保さんが理想とするリーダーは徳川家康だったんです。

出口　なるほど。たしかに家康も、二条城での豊臣秀頼《ひでより》との会見後に加藤清正《かとうきよまさ》（一五六二〜一六一一）を毒殺したと一部でいわれているように、目的のためには手段を選ばない人でした。

半藤　そういう点でも、西郷さんと大久保さんはかなり違うでしょうね。西郷さんは、あくまでも自分の理想とする王道楽土を作るために革命を続ける。倒幕に成功したら自分たちの政府を実現することに邁進《まいしん》した大久保さんに対して、西郷さんは「こんな新政府は理想から程遠い」と考えて、もういっぺん革命を起こして政府を作り直そうとするんです。

出口　その大久保さんと西郷さんは、岩倉使節団の帰国後に征韓論《せいかんろん》で衝突しました。

半藤　西郷さんは「やろう」と言うのに対して、大久保さんは「まだそんな状況ではない」と止めたわけですよね。西郷さんとしては、新しい明治国家を守るためには朝鮮を国防の最前線にしないとダメだという思いがあった。太平洋側は海軍を強くすれば守れるけれど、北からの敵は朝鮮半島をたどってくるので、そこをしっかり押さえなければいけない。だから朝鮮半島と貿易を通じて同盟関係を結び、こちらの仲間に入れようというのが、西郷さんの考えです。

出口　西郷さんは政治家というより軍人ですからね。当時の国防を考えれば朝鮮半島を重要視するのは当然だったのかもしれませんね。同盟を結んで日本防衛の最前線になってもらう。しかし、もし相手が言うことを聞かなければ朝鮮との戦争になってしまうわけですから、大久保さんとしては、将来はともかく、いまはもっと自分たちの足元を固めることが先決だということですね。

半藤　廃藩置県のような大改革をやったばかりですから、いまは外国と戦争なんかしている場合ではない、という話でしょうね。

出口　だとすると、大久保さんとしては、欧米視察から自分が帰ってきた以上、もう西郷さんは不要だし、いなくなってもらったほうが都合がいい。

半藤　大久保さんが留守のあいだに、西郷さんは余計なことをたくさんやりましたからね。征韓論以外の問題でも、たとえば幕臣登用などで、たぶん衝突したと思いますよ。

出口　いろいろカチンと来たので、征韓論の紛糾を奇貨《きか》として追い出してしまおう、という感じだったのでしょうね。

西南戦争をどう見るか

半藤　ただし大久保さんにもちょっと誤算があったでしょう。西郷さんは去ってもらいたいと思っていたのですが、江藤新平《えとうしんぺい》、板垣退助《いたがきたいすけ》、後藤象二郎《ごとうしょうじろう》など参議クラスの人たちが西郷さんと一緒に政府から出て行くことまでは読み切れていなかったと思います。

出口　とはいえ、いわゆる「一八七三年（明治六年）の政変」で参議五人が消えたことで、大久保さんは自分の党派だけで政府をまとめられるようになりましたよね。江藤新平によって失脚に追い込まれていた山縣有朋や井上馨《いのうえかおる》（一八三五〜一九一五）も公職に復帰します。予想しなかった政変とはいえ、結果的には大久保さんにとってラッキーだったのではないでしょうか。そのおかげで、リアリストの実務家だけで政府を作ることができました。日本という国が大きくなっていくためには、ある意味でハッピーだったのかもしれません。

半藤　そのとおりですね。西郷が去った後、大久保はどんどん参議のクビを切って、小さな政府に仕立て直して自分で支配するようになりました。最初に新政府を立ち上げたときは、一応は薩長土肥のみんなの顔を立てなければいけなかったので、無駄に大きな政府だったんです。

出口　だから出勤してもタバコを吸ってるだけの連中がたくさんいた（笑）。約六〇〇人の高級官僚が辞めたといわれています。

半藤　そういうことですね。欧米視察で国家とは何かを学んできた大久保は、そういう連中を早く追い出して、足場を固めるために小さい政府を作りたかったんでしょう。そのためには西郷が邪魔だった。しかし西郷が出て行ってからは、自分でやりたいようにやれたわけです。明治二年に民部省、大蔵省、刑部省、兵部省《ひょうぶ》、外務省、宮内省という六つの省を置いて政府の形を整えたのも、戊辰戦争後に西郷がいなくなってからですよね。西郷がいたら、「その枠組みからあぶれた奴はどうするんだ」などと言い出して、また喧嘩になったかもしれません。

出口　たしかに西郷さんが残っていたら、「みんな革命の同志なんだから大切にせんといかん」とか言い出しそうな気がしますね。

半藤　革命の同志を切り捨てたのでは、何のために戊辰戦争で賊軍どもを叩き潰したのかわからなくなってしまいますからね。そういう意味でも、大久保の現実主義と西郷の理想主義はどこかで衝突せざるを得なかったのだと思います。

出口　その終着駅が、一八七七年（明治一〇年）の西南《せいなん》戦争ですね。

半藤　文句なしに、西南戦争は暴力革命の最後の仕上げです。

出口　そこで西郷の夢が完全に崩れた。最後は大久保対西郷という薩摩同士の衝突になってしまったわけです。薩摩の人たちはこれをどう受け止めているんでしょうね。

半藤　薩摩の人たちは、「西郷の言うとおりにやれば、もっと日本の国は良くなった」と言うでしょう。どういうわけか、薩摩の人は大久保が嫌いなんですよ。

出口　やはり理想主義者の西郷のほうが格好良く見えるのでしょうね。

半藤　出口さんは、どちらがお好きですか。

出口　僕は保守主義者でリアリズムのほうが性に合っていますので、日本という国のためには、毛沢東的な西郷が早い段階で中央政府からいなくなって、鄧小平的な大久保が権力を握ったことが結果的には良かったと思っています。それによって国作りは間違いなく速く進んだのではないでしょうか。

半藤　私も正直なところ、そう思いますね。毛沢東の西郷が中心になっていたら、いつまでたっても革命のガタガタが終わらなかったでしょう。

出口　あるいは最悪の場合、文化大革命のようなことが起こっていたかもしれませんね。

半藤　西郷さんが好きな薩摩の人たちには悪いけど、西南戦争で蜂起したのはあまりにも現実離れしていたような気がします。薩摩の人は、兵を挙げたのは西郷さんの本意にあらず、西郷さんは敗るることを知りつつ起《た》って、笑って薩南健児のために死したるなり、と一致して思っているらしいけれど。戊辰戦争という一大暴力革命をやり遂げた後でまた革命を起こすのは難しい。そう簡単に革命は起こせませんよ。

出口　社会が疲弊するばかりですよね。

半藤　もっとも、西郷さんがいなくなった後、大久保も翌年に殺されちゃったので、結局はまたゴタゴタが始まったわけですけどね。あそこで大久保利通が暗殺されず、もう少し長生きしていたら、日本はもっと早く近代国家になったでしょう。

「維新の三傑」亡き後を引き継いだ伊藤博文《いとうひろぶみ》と山縣有朋

出口　その大久保利通の後を継いだのは、伊藤博文でした。

半藤　伊藤と山縣有朋ですからね。この長州出身の二人が残っちゃったというのも、なかなか不幸な成り行きだったと思いますよ。

出口　西郷と大久保に比べたら、伊藤と山縣はちょっと小粒な気がしますね。

半藤　ちょっとどころじゃないですよ（笑）。かなり程度が落ちるんじゃないですか。

出口　でも逆にいえば、伊藤は大した力量がなかったからこそ、大久保が生前に考えていたことをそのまま忠実に実行していったのではないでしょうか。伊藤は、亡き大久保が描いた夢を思い出しながらひとつずつ実現していったのだと思います。

半藤　伊藤博文には坂本龍馬的なところがありますからね。自分には新しいアイデアはないけれど、人の考えたことを実行する能力は高かったのでしょう。折衝《せっしょう》の能力もあった。だから一応は大久保の描いた設計図を思い出しながらやっていったのだと思います。

出口　ビジョンを描くのではなく実行するタイプですよね。

半藤　ええ。その伊藤が大久保の後継者だとすれば、山縣有朋のほうは武人ですから西郷の後継者ということになるのですが、西郷ほど優れた人格を持っているわけじゃないので、とんでもない軍事国家を作ってしまいました。その話はまた後でしましょう。

いずれにしろ、木戸孝允、西郷隆盛、大久保利通という「維新の三傑」が西南戦争の前後にあっという間に消えてしまったのは痛かったと思います。残された伊藤や山縣は、急に天下を取ってしまったものだから、自分たちの権力を正当化するために「明治維新」なる言葉を探してきました。吉田松陰という、私にいわせれば大したことのない人物を称《しょう》揚《よう》するようになったのも、長州閥の自分たちを権威づけするためですよ。

出口　なるほど、松陰はそこで理想化されたわけですか。大久保という後ろ盾を失ったので、吉田松陰の威光にすがったということでしょうか。

半藤　そのとおりです。伊藤も山縣もそのままでは誰も信用しないから（笑）、「われわれは松陰先生の門下生である」というわけですね。松陰の下で何をしたのかといいたくなるぐらいの話ですが、まあ一応は門下生ではあるのでしょう。そうやって都合の良いストーリーをこしらえて、正統化を完成させ、天下を取ったんです。

出口　奈良時代に、聖武《しょうむ》天皇（七〇一〜七五六）やその皇后の光明子《こうみょうし》（七〇一〜七六〇）が聖徳太子の権威を借用・創作して一所懸命仏教の布教を行なったことを思い出しますね。聖武天皇も、藤原不比等が死去して後ろ盾がないという点では、伊藤や山縣のような立場でしたから。

半藤　あれはまさに出口さんがお書きになっているとおりで、聖徳太子をうまく使っていますよね。

出口　それと同じように、吉田松陰もうまく使われた？

半藤　そうでしょうね。私は大した人物じゃないのじゃないかと思っています。松陰が獄中で記した『幽囚録《ゆうしゅうろく》』には、急いで軍備を整え、カムチャッカや琉球、朝鮮、満洲、台湾、ルソン諸島を支配下におさめるべし、なんて書いているんです。これはものすごい膨張主義・侵略主義じゃないですか。そんな危険な思想家を、伊藤と山縣がうまく使った結果、いつの間にか日本でも最大級の思想家のようになってしまいました。

出口　聖徳太子も昔は一万円札の肖像になっていましたからね（笑）。

半藤　私は聖徳太子はいなかったという説なんですけど。

出口　僕もそうです。それはともかく、やはり「維新の三傑」が次々と死んでしまい、リーダーが小粒になったところから日本の混迷が始まったのかもしれませんが、それでも大久保の描いた設計図がそれなりにしっかりしていたのは救いだったのでしょうね。

半藤　岩倉使節団で勉強したおかげでしょうね。

出口　だから、なんとか新しい国家がスタートアップできた。

半藤　ところが岩倉使節団には入っていなかった山縣有朋という男が……。

出口　足を引っ張った？

半藤　そうです。彼が、大久保の設計図よりも先に、自分の思い描いた軍事国家を作ってしまったんです。これが近代日本の不幸の始まりなんですよ。

出口　なるほど、岩倉使節団に入らなかったということは、大久保から選抜されなかったわけですよね。そのレベルの人間が、軍事面のリーダーとして生き残ってしまったのは、たしかに不幸といえば不幸な成り行きでしたね。

半藤　伊藤博文のほうは、鞄《かばん》持ちのような立場とはいえ、一応は使節団にも同行して大久保の薫陶《くんとう》を受けていましたけどね。山縣のほうは誰の薫陶も受けていない。自分の権力のために、勝手な都合で日本を軍事国家のほうへ進めてしまったんです。

出口　なるほど。そのあたりのお話は、また後の章で伺うことにしましょう。ここまでのお話で、ペリー来航に始まる動乱の中で、明治国家の基盤がどのようにできあがったのかがよくわかりました。最初に見取り図を描いたのは阿部正弘で、それを上手に肉付けしたのが大久保利通だと考えていいですよね。この二人が明治維新のデザインを描いたとすれば、その半分は幕府によるものだということになります。

半藤　いや、半分以上は幕府が描いたといっていいでしょう。たとえば近代日本の基本になった五箇条の御誓文なんて、ほとんど幕府が作っていますからね。あれの最初の原案は熊本藩の横井小楠ですからね。彼が弟子の由利公正《ゆりきみまさ》（一八二九〜一九〇九）にやらせたものです。そこにいろいろな人が手を入れて、最後は木戸孝允が完成させましたが、根本は幕府側の人間が作ったんです。

出口　そういう意味でも、幕府の開明的な官僚たちは世界の動勢をしっかり見ていたし、新しい国家を具体的にイメージする力を持っていたということですね。

［第3章］

幕末の志士たちは何を見ていたのか

最初に「日本人」を自覚した勝海舟

出口　ここからは、幕末に活躍した人物に焦点を当てて、彼らがどんな世界を見ていたのかを考えてみたいと思います。

半藤　ここまでにも、すでにいろんな人の悪口を言ってしまいましたけどね（笑）。

出口　では、あまり悪口ばかりになっても良くないので（笑）、まずは半藤先生のお好きな勝海舟から行きましょうか。

半藤　ははは。なにしろ私は「勝海舟のことを書いてくれ」と頼まれると何でも引き受けてしまうぐらいの勝海舟ファンなんですよ。さすがに八五歳を過ぎてからは、くたびれるので断わるようになりましたけど、それまでは勝海舟と聞いただけで「はい承知しました」と答えていたような人間ですから、私の評価が公平かどうかは当てになりません。

出口　どのあたりをいちばん評価されるんですか。

半藤　日本が近代化に向かうに際して、いちばん最初に「日本人」として開明的な考え方を持った人物が勝海舟だと私は思います。それまでの人々は「薩摩人」とか「長岡人」とか「会津人」という自覚はあったけれど、「日本人」という自覚はなかったでしょう。そういう社会で、いちばん最初に「日本人」という自覚を持てたのは凄《すご》いことです。

出口　江戸開城のときの理念もそうですよね。同じ「日本人」なのだから、事ここにいたってはお互いに喧嘩しても仕方がない、という考え方でした。

半藤　そうです。だから、幕府だとか薩長だとかいって区別するのは無駄だと。しかも双方の背後にはイギリスとフランスがくっついていましたからね。いまこの危急のときに、外国の代理戦争なんかやるのは、日本人として愚《おろ》かなことだという話です。

出口　そんな戦争をしても、西欧列強に鉄砲

国立国会図書館蔵

勝海舟◎（かつかいしゅう／一八二三［文政六］〜一八九九［明治三二］幕臣。政治家。通称、麟太郎。蘭学を修め、佐久間象山に砲術を学ぶ。長崎の海軍伝習所に入り、一八六〇年（安政七）には幕府の遣米使節を乗せた咸臨丸の艦長として、日本人初の太平洋横断に成功、サンフランシスコに渡る。蕃書調所・講武所・軍艦操練所を経て、軍艦奉行に就任（同年罷免）。神戸に海軍操練所を開き、幕臣、坂本龍馬ら諸藩の学生、志士を教育。戊辰戦争では、西郷隆盛と交渉して江戸城無血開城に成功。明治政府では、参議兼海軍卿、枢密院顧問官などを歴任。

をたくさん買わされるだけだ、と。

半藤　そうそう（笑）。江戸無血開城を決めた会談は、勝海舟が初めて「日本人」として説いたからこそ、西郷隆盛もそれに感服したのだと思います。

もちろん、西郷と勝さんはそれ以前にも会っています。そこで勝さんは西郷のことを褒《ほ》めていますし、最後まで西郷を立てていましたから、余計なことを言わなくても西郷は「わかった」と言ったでしょう。

出口　勝海舟と西郷隆盛は、一八六四年（元治元年）に大坂で面会しているんですよね。そこで西郷は勝から、幕府とは異なる新政権の構想を教わっていました。その時点で二人のあいだには強い信頼関係ができていたといわれています。

半藤　はい。しかしそれでも勝さんは、慶応四年（一八六八年）三月一四日の本交渉の席で、きちんと言葉を尽くして「日本人として新しい国を作ろう」と西郷さんを説得したのだろうと思います。そして、翌一五日に予定されていた江戸城総攻撃を止めさせました。西郷さんも「日本人」として目覚めたのでしょう。そういう意味で、勝海舟という人がいたおかげで日本は救われたと、私は高く評価するわけです。

出口　江戸無血開城を決めた西郷隆盛との会談のとき、勝海舟は将軍から全権を委任されていたのでしょうか?

半藤　一応、陸海軍総裁として全権を受けておりました。

出口　そうでないと、あんな決定はできませんものね。

半藤　全権を委任された勝さんとしては、「徳川慶喜の命を助ける」ことと「徳川の家臣を粗末に扱わない」という二点だけは譲れなかったんですね。西軍が出してきた案では、徳川慶喜をおかしなところに預けて下手な真似をすると戦争犯罪人として公開処刑するとか、賊軍側に回った者はみんな粗末に扱うといったことが書いてあるんです。勝さんとしては、そこは直してくれないと困る。それだけは西郷に飲んでもらわないと、自分たちにも武士の意地があるので、拒絶されたら戦わざるを得ない、ということは言っています。

出口　西郷さんは、それを飲んだわけですか。

半藤　いや、西郷さんは自分では決められないんです。東征軍の参謀長として交渉に臨んでいるだけですから。京都で待っている岩倉具視以下の本部におうかがいを立てなければいけません。西郷さんに決められるのは、翌日に予定していた江戸城総攻撃を中止することだけだったんですね。

出口　なるほど、それは軍の責任者として止められたんですね。

半藤　とりあえず江戸城の総攻撃は止めて、まずは駿府《すんぷ》（静岡）の東征大総督府で相談しなくちゃいけません。しかし、おそらく総督府でも決められないだろうから、その場合は京都まで行かざるを得ない。だから、また一週間か一〇日後ぐらいに会うことにして、西郷さんは飛んで帰るんですよ。

　実際、有栖川宮熾仁親王《ありすがわのみやたるひと》（一八三五〜一八九五）を総大将とする駿府の東征大総督府ではこの問題を決めることができず、西郷さんは駿府から京都に向かいました。そこでは慶喜の切腹を求める大久保利通や岩倉具視たちと大激論になりましたが、木戸孝允が「死一等は免ずるべし」という西郷さんに同意したこともあって、慶喜の命は助けることになったわけです。

出口　木戸孝允は開明派ですからね。

半藤　ええ。木戸さんは最初から慶喜救命派でした。むしろ西郷さんが慶喜死刑派の筆頭だったんですが、勝さんとの会談ですっかり救命派になっていたんですね。ともあれ、そこで慶喜は死一等を免ぜられて願いどおり水戸《みと》表《おもて》へ謹慎、鳥羽伏見《とばふしみ》の戦いで西軍に楯突いた桑名藩や会津藩の人たちも首は斬《き》らないことが決まりました。まあ、相当激論が交わされたらしいですけど。

イギリス公使パークスとの会談

出口　その間、勝さんはじっと待っていたわけではないですよね。

半藤　はい。西郷が京都へすっ飛んでいっている間に、まずイギリス公使の通訳アーネスト・サトウと会い、その数日後の三月一七日にはイギリス公使のハリー・パークスと会うために横浜に行きました。パークスは会いたくないので出てこないんですが、勝さんは「徳川幕府の代表としてパークス公使と会わなければ帰れないので、待たせてもらう」と。

出口　動かなかった（笑）。

半藤　朝の九時から夕方の五時ぐらいまで動かなかったそうです（笑）。腹は減るから、きっと自分で持っていった弁当をパクパク食べたりしたんでしょうね。こうなるとさすがのパークスも参ってしまって、出てきて面会したわけです。

出口　どんな話をしたんでしょう。

半藤　賠償金の問題など、幕府とイギリスのあいだにはいくつかの懸案事項がありましたから、まずはそれらの話を片づけたんですね。すると、話は終わったと思ったパークスが

「あなたも今は大変なときですね」とか何とか労《ねぎら》いの言葉をかけたんです。勝さんは、その言葉を待っていた。それを聞くやいなや、江戸開城をめぐる苦渋をパークスに訴えたんです。

出口　勝さんにとっては、そこからが本題だったんですね。

半藤　そうなんです。自分たちとしては西軍と戦争などしたくないが、徳川の家臣として主君は守らなければならない。そこだけは譲れないので、戦争を避けるためには、相手に大きな心で譲ってもらいたい、というわけです。そこで勝さんが持ち出したのが、いわゆる「万国公法《ばんこくこうほう》」でした。

出口　当時の国際法の呼び名ですね。

サー・ハリー・スミス・パークス◎（一八二八〜一八八五）外交官。第二代駐日英国公使。幕末から明治初期にかけ、一八年間（一八六五〜一八八三）、駐日公使を務めた。戊辰戦争では、列国に先駆けて明治政府を承認した。岩倉使節団の訪英時、休暇で英国におり、英国内見学・研修のアテンド役を果たした。一八八三年、清国公使に任ぜられ、八五年、北京でマラリアに罹り死去。

半藤　万国公法では、いったん降伏した相手の君主を殺すことなど許されないはずだ、と勝さんは言いました。それを聞いたパークスは「あなたの言うとおりだ」と答えて、俄然、勝さんのことを気に入ってしまったんですね。横浜港に碇泊《ていはく》していたイギリスの軍艦アイロンジック号の艦長を呼んで三人で食事をしながら、すっかり意気投合した。その席でパークスは「万が一、戦争になったときは、慶喜公をわが国に亡命させたらどうか」とまで申し出たんです。

出口　その艦長の率いる軍艦に慶喜を乗せて逃がしてやる、ということですね。

半藤　それで勝さんは喜んで、「それは是非お願いしたい。そのためにも、あと一カ月ぐらいは横浜港にいてください」というようなことを頼んだそうです。そうやって、イギリスを味方につけちゃったわけですよ。

出口　そこが勝海舟という人物の凄いところですよね。幕府の後ろにはずっとフランスがついていたのに、薩長の後ろについている大英帝国に頼みに行った。

半藤　しかも、頼み事を自分の口からは出さずに、相手が言うのを待っているんですからね。勝さんは万国公法の話をしただけで、慶喜を助けてくれと頼んではいないんです。

出口　そのパークスの意向は、どこかの時点で西郷に届いていたのでしょうか。

半藤　パークスは、西郷がその件で京都に行っていることを勝さんの口から聞いていました。そこで、京都からの帰りに西郷が寄るはずの駿府に手紙を送り、江戸に戻る前に自分のところに立ち寄るよう伝えたんですね。

その手紙を駿府で読んだ西郷は、言われたとおり、江戸へ急ぐ途中で横浜のイギリス公使館に寄りました。アーネスト・サトウの日記によると、三月二八日のことです。パークスはそこで、西郷に万国公法の話をしたんですね。降伏した慶喜公を死刑にするようなことがあれば、ヨーロッパ諸国は日本の新政府を万国公法にしたがわない野蛮人として非難するであろう、と。

出口　すでに京都で死刑にしないことを決めていたとはいえ、西郷にしてみれば念を押された恰好になりますね。

半藤　はい。パークスにそんなことを言われた西郷さんは、自分が京都に行っているあいだに勝さんが何か吹き込んだに違いないと察したんでしょうね。慶喜やその支持者たちに寛大な処置をすることをパークスに伝えた上で、「この先は幕府が外国人へ余計な依頼をすることはないでしょうな」と釘を刺したようです。こうして江戸無血開城が正式に決まったんですね。この一件だけを見ても、勝海舟が凄《すさ》まじい政治力の持ち主だったことは間違いありません。

出口　本当に、パークスとの面会は乾坤一擲《けんこんいってき》の凄まじい話だと思います。京都でどんな意思決定がされるかはわからない状態だったんですものね。もし西郷が大久保や岩倉に議論で負けて戻ってきても、おそらくパークスが慶喜の処刑を止めたでしょう。

半藤　そうなんですよ。一般的には、三月一四日の西郷・勝会談で万事うまく片づいたと思われているのですが、そこではまだ話は終わっていなかった。むしろ、そこから先の備え方が、政治家・勝海舟の真骨頂《しんこっちょう》なんです。

勝海舟が征韓論《せいかんろん》の議論から逃げた理由

出口　後年、岩倉使節団の留守を預かった西郷が勝を政府に登用したのも、そのときの強い信頼関係があったからですよね。

半藤　そうです。だから私は『瘠我慢《やせがまん》の説《せつ》』で勝さんの悪口を書いた福澤諭吉に日頃から文句をつけているんですよ。文藝春秋の編集者時代には、経済学者の小泉信三《こいずみしんぞう》先生（一八八八〜一九六六）の担当者だったんですが、慶應義塾大学の塾長も務められた小泉先生と、勝海舟の評価について何度やりあったかわかりません（笑）。小泉先生は福澤諭吉を尊敬しておられるので、いくら私が話しても、「勝は卑怯者《ひきょうもの》だ」という見方を曲げないんですよ。当然ながら小泉先生のほうが弁が立つので、いつもヘコまされて帰ることになりましたけどね（笑）。

出口　それは弁が立つ立たないではなく、年の功《こう》でしょう。小泉先生と半藤先生とでは四〇歳以上も年の差があるのですから、著者と担当編集者という立場でありながら何度も立ち向かっただけでも立派なことじゃありませんか（笑）。

半藤　まあ、週に一度ぐらい小泉先生のところに通いながら、ほかの仕事のことでもいろいろお説教をされていましたから、勝海舟のことで議論しても最初から旗色が悪いんですよね（笑）。

出口　僕も、勝海舟が明治政府に入ったのは批判されるようなことではないと思いますよ。ところが勝さんを登用した西郷さんは、その政府からまた離れてしまいます。

半藤　朝鮮に西郷を使節として派遣するかどうかで政府を二分する大議論になり、最後は明治天皇が岩倉具視の上奏を受けて西郷の派遣を無期延期する決定をしたんですよね。それで西郷は辞めてしまったわけですが、あの議論の場に勝海舟はいませんでした。海軍卿という重要な役職だったにもかかわらず、いくら調べても名前が見当たらないんです。さらによく調べたら、そのとき勝さんは出張していて東京にいないんですよ。あれほど重大な問題が起きているときに急ぎの仕事などあるわけはありません。この件に関しては、たぶん、勝さんは逃げたんだと思います。

出口　征韓論の議論には立ち入りたくなかったんでしょうね。

半藤　おそらく勝さんは、朝鮮使節派遣に反対だったと思います。

出口　海軍卿の立場なら、朝鮮と戦争ができるほどの兵力がないことは当然わかっていますからね。

半藤　しかし会議に出て反対すれば、西郷と敵対してしまう。勝さんはそれを避けたかったから、適当な視察仕事をでっち上げて東京から逃げたのでしょう。それぐらい、勝さんも西郷という男のことが好きだったのだと思います。

出口　だからこそ西郷に請《こ》われて初めて明治政府に入ったわけですからね。西郷と対立したくない気持ちはわかるような気がします。

半藤　その西郷が、最後は西南《せいなん》戦争で賊軍になってしまいました。もう、政府の人間は西郷の「さ」の字も口にできない雰囲気だったでしょう。ところが勝さんは、賊軍となって亡くなった西郷を悼《いた》む詩を書いて、大きな碑を建てるんです。そのとき勝さんももう政府を去って赤坂氷川《あかさかひかわ》で浪人暮らしをしていました。でも、その氷川の家の庭に碑を建てようとしたら、周囲の人たちはみんな止めるんですよ。

出口 そんなことをしたら、政府を刺激するだけですものね。

半藤 そうなんです。ただでさえ勝さんは西郷軍の一味じゃないかと疑われて、目をつけられていますからね。みんなに「やめておけ」と言われた勝さんは、しょうがないので向島《むこうじま》にあるお寺にその碑を建てました。当時の向島は田んぼばかりの田舎ですから、誰にも気づかれないようにひっそりと建てたんですね。私は向島の生まれですから、それと知って子供のときに探したんですが、お寺も碑も見つからないんですよ。

出口 そこで半藤先生がお生まれになったというのも、縁の深さを感じますね（笑）。

半藤 それで「どこに行っちゃったんだろう」と思って古い地図を見たんです。昭和五年頃の地図を見たら、そのお寺のあったところに荒川放水路ができたことがわかったんですよ。いまは川底ですから、そこにあるはずがない。さらに調べてみたら、葛飾《かつしか》区の四つ木《よつぎ》にあるお寺に勝海舟のお墓があって、その碑もそのお寺に移設されていました。歌手のさだまさしさんが中学生時代にそのあたりに住んでいて、そのお寺でよく遊んでいたそうですけどね。彼もその碑をご覧になったかもしれません。ともかく、そんな碑を恐れげもなく建てるぐらいですから、勝さんは西郷のことが本当に好きだったんでしょう。

出口　よく似たタイプだったんでしょうね。

半藤　だと思います。西郷隆盛はあの時代の最大の政治家でしょうが、勝海舟も相当な政治力の持ち主でした。

ところで、碑の話をしたついでに、もうひとつ余計な話をしておくと、隅田川《すみだがわ》の吾妻橋《あずまばし》のあたりに墨田《すみだ》区役所がありまして、その裏手の隅田公園の入口あたりに勝海舟の銅像があるんですよ。その近くのまさに隅田堤の入口に、二〇一六年、「隅田川ボート記念碑」が建てられました。私も大学でボート部に所属していたんですが、昔は高校や大学のボート部がみんな試合や練習をこの辺でしていたんですね。

出口　半藤先生は、もうちょっとでヘルシンキ五輪のボート競技に出場できたぐらいの選手だったそうですね。

半藤　いやいや、その話はいいんです（笑）。隅田川で日本のボートレースが盛んだったことを偲《しの》ばせるものが何もなかったんですね。明治一六年（一八八三年）に明治天皇が海軍のボートレース大会を行幸《ぎょうこう》されたという碑は建ってるんですが、それもなぜか道路のほうを向いているので堤の桜並木から見えないんですよ。

出口　後ろ側しか見えないんですね。

半藤　そんなわけで、学生時代にボート競技をやっていた各校のＯＢたちが総決起しまして、「日本のボートはここ隅田川を中心に発展しその隆盛を迎えた」という記念碑を建てたんです。実はその建立実行委員長が私でございまして（笑）、碑の文句を書かせていただきました。その最後に名前を入れろというので、勝手に彫ればいいじゃないかと言ったら、「いや半藤さんが自分で書いた字を彫るんですよ」というんですね。

出口　すばらしいじゃないですか。勝海舟の銅像の近くに、半藤先生が署名した碑が建っているわけですね。

半藤　まあ、ちょっと隣組になりまして（笑）。

出口　とことん好きになると、いろんなご縁が生まれるんですね。その碑の写真を小泉信三先生に見せたら、さすがに「参った」とおっしゃるんじゃないですか（笑）。

半藤　ははは。関係のない自分の話をしてしまいましたが、隅田公園に桜見物に行く機会がありましたら、どうぞ見てやってください。こっちのほうは川に向いて建っているので、桜堤を歩きながらよく見えますので。

社会の激変期を支えるのは合理的思考のリーダー

出口　ところで、勝海舟と徳川慶喜の関係はどういうものだったのでしょう。

半藤　こちらは全然ダメでしたね。そもそも慶喜という人には、登用すべき人材を見る目がないんですよ。あの方は非常に聡明ですし、ある意味で時代の先も見える人なんですが、人を見る目はないですね。当時の幕府には、勝さん以外にも有用な人材がたくさんいたんですけども。

出口　上手に人を使えないんですね。

半藤　水戸のお坊ちゃん育ちのせいで、自分にとって耳の痛いことを言う人間を受け入れられなかったのかもしれません。だから余計なことばかり言う勝さんは嫌われていたんですね。あの二人がもう少し仲が良ければ、もっと違う流れになったかもしれません。

出口　でも江戸開城のときには、ほかに託《たく》せる人がいなかったわけですね。慶喜が勝海舟に全幅《ぜんぷく》の信頼を寄せていたというより、ほかに人がいないから仕方なく（笑）。

半藤　そうだったんだろうと思いますよ。鳥羽伏見の戦いで錦《にしき》の御旗《みはた》に恐れをなした慶喜が大坂から江戸の浜離宮《はまりきゅう》に逃げ帰ったとき、勝海舟は蟄居閉門《ちっきょへいもん》の身でした。第二次長州征伐（一八六六）のとき、勝さんは幕府代表を無理矢理命じられましてね、長州藩の井上馨らとの停戦交渉に臨みましたが、そこで慶喜に「長州と通じていた」と疑ぐられて幕府の役人をクビになっていたんです。

出口　勝海舟に停戦交渉をさせる一方で、幕府は朝廷にも働きかけて、停戦の勅命を受けたんですよね。勝さんとしては、それでは自分が長州藩を騙《だま》したような形になってしまうので、腹を立てて江戸に帰ってしまった。それで長州との関係を疑われたのでしょう。

半藤　それで不貞腐《ふてくさ》れていたんですが、鳥羽伏見の戦いから逃げ帰ってきた慶喜が浜離宮に来いという。なんで自分が呼ばれるのかわかりませんよね。切腹でもさせられるのかと思いながら、浜離宮に行ったんじゃないでしょうか。

ところが慶喜は、「おまえがいちばん薩摩と長州の奴らを見知っているのだから、うまくやってくれ」というわけです。陸海軍の総裁として、また抜擢《ばってき》されて全権を任されたんですね。ちょっと前にクビにした男に万事を委《ゆだ》ねたぐらいですから、まあ、ほかにいなかったんでしょうね。イヤイヤながら、勝さんに任せたんです。

出口　イヤイヤであっても、任せられる人がいてよかったですよね（笑）。それで日本が救われたんですから。

半藤　そうですね。実際、あの局面で薩長の人間と腹を割ってきちんと話のできる人は、勝さん以外にいなかったでしょう。そこが勝海舟の良いところで、彼にとっては誰がどの藩だとか、そういう垣根はあまり関係ないんですよ。たとえば長崎の海軍伝習所《でんしゅうじょ》や神戸の海軍操練所《そうれんじょ》を設立したときも、土佐藩の坂本龍馬をはじめとして、どこの藩の人間だろうが分け隔《へだ》てなしに入れましたからね。

出口　もともとコスモポリタン的な資質があったのではないでしょうか。

半藤　たしかに、そういう面があったと思います。だから、どこに行っても顔が利《き》くんですよ。横浜のイギリス公使館のパークスに会いに行ったときだって、当時の横浜はすでに西軍が占領していましたからね。そこに幕府の役人がひとりでいきなり乗り込んだのですから、ふつうなら追い返されるでしょう。ところが勝さんは「おや先生、今日はどうなさいましたか」みたいな調子で、迎え入れてもらえるんです。

出口　どこでも顔パスで入れちゃう（笑）。

半藤　そういうところは、本当にコスモポリタン的だと思います。ああいう人物がひとり存在したのは、日本の歴史にとって実に大きなことだと思いますよ。出口さんは、勝海舟をどうご覧になりますか。

出口　きわめて合理的に物事を考えられる人ですよね。幕末から明治維新の時代もそうですが、社会が大きく揺れ動いているときは、狂信的な人はあまり仕事ができないんじゃないかと思います。複雑な状況を収めなければならないリーダーはものすごく難しい立場ですから、できるだけ合理的な思考ができる人がいい。狂信的な理念やイデオロギーで凝り固まっている人は、舞い上がってしまって事を収められないんです。たとえば第二次世界大戦の敗戦時の首相を務めた鈴木貫太郎も、合理的に物事を考えるタイプでしたよね。

半藤　そうです、そうです。じっとその時を待てた人です。

出口　お互いの損得を踏まえて、どうすれば最小のコストでみんなを幸福にできるかを追求しようとしたら、合理思考しかないんです。そういう意味では、勝海舟のような合理的な人が最後に全権を委任されたのは幸運でした。

半藤　たしかに、そうだと思います。

出口　ひたすら攻めていけばいいときは、むしろ狂信的なリーダーのほうがいいんですよ。あまり合理的に考えてしまうと、ネガティブな要素が気になって「やはりやめておこう」という話になりやすい。合理思考だと勢いがつかないんです。でも大変な状況をまとめるときは、合理思考が求められるんですね。

　戊辰戦争では多くの命が失われましたが、総死者数六〇万人を超えたアメリカの市民戦争（南北戦争）と比べたらほぼ二桁少ないですよね。でも、もし一〇〇万人に近い人口を抱えていた江戸の町に官軍が攻め込んでドンパチやっていたら、膨大な数の市民が巻き添えになって酷《ひど》い事態になったかもしれません。あとに残る恨みも相当なものになりますよ。その悲劇を回避できたのは、勝さんの合理思考があったからでしょう。一〇〇万都市を守ったという意味で、勝さんの功績はきわめて大きいと思います。

江戸を焦土とする覚悟

半藤　勝海舟は長崎にいたときに、散歩をするようになったんですよ。いまは誰でも散歩をしますけど、当時の日本人に散歩なんていう習慣はなかったんですね。目的もなくブラブラ歩くというのは、もともと西洋人の生活習慣なんです。それを勝さんは長崎の外国人から学んで、自分でもやるようになった。その散歩を通じて、世の中の人々がどんな暮らし方をして、何を考えているかがわかるようになったのでしょう。江戸に戻ってからも、実によく散歩をしているんです。

出口　なるほど。だから世情がよくわかっていたんですね。

半藤　江戸の市民は戦争なんか望んでいないことを骨身に染みるほど知っていたんです。だから、戦争なんてバカなことをする必要はない。これはある本で読んだ話ですが、鳥羽伏見の戦いの後で幕府の歩兵奉行になった大鳥圭介《おおとりけいすけ》（一八三三〜一九一一）が、江戸城で官軍を迎え撃つために猛訓練をしているところに、勝さんがぶらりと現われて言葉をかけたことがあるそうです。

「大鳥さん、江戸でやるつもりかね」と勝さんが聞くと、

「もちろんです」と大鳥が答える。すると勝さん、こんなことを言ったそうです。

「そうすると、江戸の町はみんな火に包まれて焼け落ちるね。ナポレオンがモスクワに攻め込んだときと同じだ。あのときモスクワを守っていたロシア軍の総大将はね、あれ、ロシア人じゃないんだよ。だからモスクワを燃やしてナポレオン軍を火攻めにできたんだ。江戸の人も、自分の町を焼くなんてことはしないよ。そんなことができるのは、大鳥さん、あんたが他所《よそ》の人だからだね」

そんなふうに大鳥を諌《いさ》めたという話があるんですよ。でも、そういう勝海舟自身が、万

が一のときは江戸をモスクワにするつもりだったんですけどね。

出口　焦土作戦ですね。

半藤　官軍をすべて町中までおびき寄せた上で、まわりを全部火攻めにして町もろとも敵軍を焼いてしまうことを考えていたんです。そのために、町火消の新門辰五郎《しんもんたつごろう》（一八〇〇？〜一八七五）をはじめ、江戸のヤクザや鳶職《とびしょく》なんかもみんな集めて、いざというときにどこにどう火をつけるかという段取りや分担まで指示していました。

出口　町火消は火や町のことをいちばんよく知っていますからね。

半藤　そうそう（笑）。「あんたたちは火を消すのが上手いんだから、つけるのも上手いだろ」とか言ってね。

出口　風が吹いたらどのように延焼するかも知っているでしょうし。

半藤　それで江戸の町を焦土にしてしまったら市民はどうするのかというと、これもすべて手を打ってあるんですね。房総《ぼうそう》あたりの漁師さんなど船を持っている人たちに江戸湾にこれもすべて着けてもらって、それに乗せて逃がすんです。市民を逃がしてから、官軍を町に入れて火をつける。そこまでひとりで策を練ってから、西郷との交渉に臨んだんですね。無事に江戸無血開城が成ったあと、勝さんは「なけなしの金をずいぶん使った。徳川のために申し訳なかった。こういう無駄な金を使うもんじゃない（費用夥多、我大いに困窮す）」（『解難録』）と、自分で書いています。

出口　たしかにそれだけの準備をすればお金はかかるでしょうね。でも、そこまで手を打って和戦両様の備えをしていたからこそ、ギリギリの交渉ができた。ハッタリだけでは無理だったでしょう。西郷もそれはわかっていたのではないかと思います。十三世紀にフェデリーコ二世（一一九四〜一二五〇）というローマ皇帝がいて、交渉でエルサレムを取り戻した名君ですが、やはり和戦両様の構えで交渉に臨んだので成功したといわれていますね。

半藤　西郷さんはわかったでしょうね。だから総攻撃は中止した。もし三月一五日に予定どおり江戸を総攻撃していたら、大変なことになっていました。江戸の町は焼き尽くされて、復興にどれだけの時間がかかったかわかりません。

出口　おそらく官軍のほうにも多数の死傷者が出ますから、双方に深い恨みが残ったでしょうね。

半藤　そうですよね。ではなぜ勝さんがそこまでの準備を本気でやれたか。それはおそらく、ただ一点、慶喜を守らなきゃいけないということで本気になったんだと思うんです。

ああいう土壇場で何事かを成し遂げる人間というのは、立派な大義名分を掲《かか》げたりしない。それこそ終戦時の総理大臣だった鈴木貫太郎も、ただ一点、昭和天皇を守らなければいけないということだけを求めて本気で取り組んだんです。そういうときは、あんまりデカいことは言わないし、考えないほうがいいんですね。むしろ狙いを一点だけに定めて、それを守り抜くほうが大きな力が発揮できるのではないでしょうか。

出口　なるほど。そんなときに大東亜共栄圏がどうなるかとか大きなことを言っても、どうしようもありませんものね。守るべき対象が具体的でクリアなほうが、人は頑張れると思います。

半藤　会社の経営でもそうではありませんか？

出口　おっしゃるとおりです。危機を乗り越えるときは、抽象的な理念より、社員の顔やその家族のことを思い浮かべて、彼らを守るにはどうすべきかを考えたほうがいいでしょうね。

半藤　勝海舟は「まわりはみんな敵でよい」と言うんですね。私はこの言葉がいちばん好きなんです。みんな敵のほうが、かえって戦いやすい。敵か味方かわからない奴らがたくさんいるほうが厄介《やっかい》だというわけです。

出口　みんな敵だと思ったら、ひとりで周到な準備をするしかないですよね。
半藤　ずいぶん長々と話してしまいましたが、勝海舟についてはそんな感じですね。

西郷隆盛は毛沢東か？

出口　では次に勝海舟と対峙した西郷隆盛について話しましょう。前の章でも話題にしましたが、僕も半藤先生のおっしゃるとおり、西郷は永久革命家だと思います。だから彼がいると革命が終わらないんですね。その意味で、征韓論で敗れて野《や》に下ったのは正解だったと思います。ただその前に、新政府ができあがった段階で、西郷さんは辞職していますよね。
半藤　はい。いったん薩摩に帰りました。
出口　そこで思うんですが、西郷はひょっとしたらどこかの時点で「やるべきことはやった」と燃え尽きていたんじゃないでしょうか。どこで燃え尽きたのかはわかりませんが、それは江戸無血開城のあたりだったのかもしれません。
　もちろん、その後また大久保利通に引っ張り出されて、岩倉使節団の留守を預かったりはしましたよ。征韓論で下野《げや》した後も、決起した桐野利秋《きりのとしあき》（一八三八〜一八七七）らに背中を押されるように「おまえらがやるなら」と西南戦争で立ち上がりました。その意味では江戸開城後もいろいろ活躍をしているわけですが、もうピークは過ぎていたように思えてならないんです。人間、いったん燃え尽きてしまうと、なかなか元には戻らないような気がするので。

半藤　燃え尽きたとしたら、戊辰戦争が終わったあたりかもしれませんね。

出口　なるほど。たしかに、戊辰戦争で「自分は全国を平らげた」という達成感を持っても少しも不思議ではありませんよね。

半藤　西郷は自分自身の栄誉・栄達を求める人間ではないので、そこで「俺のやるべきことはもう終わった」という心境だったかもしれません。

出口　そこから先の政治的な権力にはあまり関心がない。

半藤　権力者になりたい人ではありませんね。農本主義者ですから、仕事が終わったら国に帰って田を耕すほうが自分には合っていると思ったのではないでしょうか。

出口　人間としての総合力が高いので、その後も人から請われる形でいろいろ頑張りはするんですが、何となく、もう燃え盛るような迫力を感じないんですよ。

半藤　西郷隆盛はなかなか難しい人物で、司馬遼太郎さんも『翔《と》ぶが如《ごと》く』で描こうとしたんですが、結局わからなかったんだと思います。だからあの小説は、最初は西郷さんの話なんですけど、途中から大久保利通が主人公になるんですね。ある意味で、司馬さんにしては中途半端な作品になっています。私も、西郷さんはどうもよくわからない。

出口　半藤先生のおっしゃるとおり、永久革命家で農本主義者で詩人という点では毛沢東に似ているんですが、ひとつ大きな違いがあるとしたら、毛沢東には権力欲があって、西郷さんにはそれがないということではないでしょうか。

半藤　そうなんです。そこが全然違う。

国立国会図書館蔵

西郷隆盛◎（さいごうたかもり／一八二七〔文政一〇〕～一八七七〔明治一〇〕）政治家。軍人。維新三傑のひとり。薩摩藩下級士族の出身。藩主島津斉彬の庭方役に抜擢され、江戸詰めとなる。一橋慶喜将軍擁立問題で、一時、奄美大島に流された。召還後、公武合体を目指す島津久光のもとで働くが、久光に疑われ、沖永良部島に監禁。第二次長州征伐以後、討幕の指導者として薩長同盟・戊辰戦争を遂行。岩倉使節団欧米派遣中の新政府では筆頭参議。征韓論に関する政変で下野。帰郷し、私学校を開校。部下に擁立され、西南戦争を起こすが敗退。城山で自刃。

出口　だから毛沢東は決して燃え尽きることがないんですよ。いくら失敗しても、燃え尽きずに攻め続ける。でも西郷さんは恬淡《てんたん》としたところがあって、毛沢東のようなしつこさをあまり感じない。西郷さんが強いリーダーシップを発揮したように見えるのは、戊辰戦争まで。それ以降は大久保利通、木戸孝允、岩倉具視が主導権を握りました。「創業と守成《しゅせい》」でいえば、西郷さんはあくまでも「創業」の人であって、「守成」の人ではないのでしょうね。

半藤　そう思います。自分で作り上げたら、「ハイそれまで」で終わってしまう人なんですよ。その後、作ったものを「守成」する連中が頼りなくて、自分の栄耀栄華《えいようえいが》を追い求めて腐っていったので、最後にまた立ち上がったわけですが、西郷さん自身の心の中ではもう終わっていたことだったのでしょう。

出口　新政府を本気で倒そうと思ったら、もっとタイミングや手法を慎重に見極めたと思うんですよ。しかし西南戦争は、「可愛い弟子たちがそこまで言うなら俺も乗ってやろうか」ぐらいの気持ちで始めたことのように感じます。絶対に勝ってもう一度天下を取るんだという覚悟まではなかったのではないでしょうか。それこそ毛沢東がプロレタリア文化大革命をやったときのようなギラギラしたものが感じられないんです。

半藤　そのあたりが日本人の琴線《きんせん》に触れるのかもしれませんね。何かを作り上げてパッと引退しちゃうような「創業」の人は、どの世界でも好かれるでしょう。

出口　上野公園の西郷さんの銅像も、犬なんか連れていて、権力者のイメージではありませんよね（笑）。ああいう銅像が建てられること自体が、西郷隆盛という人物の魅力や不思議さを物語っているような気がします。

西郷の軍制改革と宮廷改革

半藤　前の章で、岩倉使節団の留守中に彼が手がけた仕事の話をしましたが、あれも西郷隆盛の人柄があったからこそできたものが多いような気がしますね。自分の権力欲や栄誉のためにやっていたら、うまくいかなかったんじゃないでしょうか。

たとえば奇想天外の大仕事である廃藩置県なんて、大名をすべて潰《つぶ》すという話ですから、そう簡単には通らないですよ。西郷が言うから、みんな我慢できた。大久保が策を弄《ろう》していたら、まとまるものもまとまらなかったでしょうね。

出口　廃藩置県を決めたときの会議では、いくつか反乱が起きることも想定しているんですよね。ところが実際には、みんなわりとあっさり恭順しちゃったんです。それが以前からすごく不思議だったのですが、やはり西郷が言うから納得したという面も大きいのでしょうね。

半藤　かなり彼の人格が影響したと思いますよ。

出口　大久保利通も岩倉具視も、あまり人望がなさそうですからね。木戸孝允はそれなりに人望があったと思いますが、こちらは合理的かつ開明的な進歩主義者というイメージが強いので、清濁併せ吞むような西郷さんとはかなり違います。きちんと合理的に説明されるより、西郷さんのような人が余計なことを言わずに「これで行く」と決めたほうが、「そういうものか」と納得できてしまうのかもしれません。

半藤　廃藩置県はまだ岩倉や大久保が国内にいるときに決めましたが、岩倉使節団が船の碇《いかり》を上げて旅立った途端に、西郷はどんどんやりたいことをやりました。まず第一に、朝敵だった大名をみんな大赦《たいしゃ》してしまうんです。

出口　それで会津の松平容保も東京に移住することができました。現在の徳川宗家は容保の直系の子孫です。

半藤　そうですね。朝敵だった桑名藩の松平定敬《さだあき》（一八四七〜一九〇八）や会津藩の松平容保も赦免されて自由の身になりました。幕府の人間だった勝海舟や榎本武揚などを政府に登用したことも含めて、これはみんな西郷の独断です。さらに西郷は、兵部省を解体して陸軍省と海軍省に再編しました。軍制改革も独断でやったわけです。

そして最後に手を付けたのが、宮廷改革でした。公家出身の侍従たちを次々に罷免して、薩摩、長州、熊本、土佐、越前などの暴れん坊を引っ張ってきて、硬骨漢ばかり天皇のまわりに置いたんですね。のちに佐賀の乱で処刑された島義勇《しまよしたけ》（一八二二～一八七四）や村田新八《むらたしんぱち》（一八三六～一八七七）、かつての幕臣・山岡鉄太郎《やまおかてつたろう》（一八三六～一八八八）なんかもそこに入っていました。最終的には女官たちも総免職にして、本格的な武術教育を始めたんです。当時二〇歳だった明治天皇は、これが非常に好きだったそうですよ。とくに山岡鉄太郎あたりはすっかり気に入られたようですが、その総領である西郷さんも天皇からの信頼がものすごく厚くなりました。

出口　江戸時代の天皇は、いつも女官に囲まれていて、極端にいえば自由に散歩もできないような状態だったんですよね。ましてや運動なんか、とんでもない。宮廷の奥で大事に大事に育てられて、化粧をしていた。それが江戸時代の伝統的な天皇のあり方だったんです。しかしそれでは、開国・富国・強兵という新しい時代に通用しないので、きちんと立派な強い男性として育てようという考え方が西郷さんにはあったのでしょうね。

半藤　そういう意味でも、やはり西郷さんは武断派ではあるんです。そこも勝さんが西郷さんを気に入った理由のひとつでしょう。

出口　ちょっと古い言葉を使えば、どちらも男気がある。

半藤　ただし勝海舟は女好きですけどね（笑）。

出口　かたや西郷さんは女性がらみの浮いた話がほとんどないですね。

半藤　そうなんです。不思議なんですけど。

出口　そこも毛沢東とはずいぶん違う（笑）。勝さんは昔の江戸っ子そのままのタイプでしょうか。遊びは遊びでしっかりやるというか。

半藤　勝さんの奥さんは芸者上がりのよくできた人なんですが、それ以外にも妾《めかけ》が何人かおりましてね。勝さんは自分の家に書生を置かず、妾たちが同居していました。だから勝海舟を斬りに行った人たちは、みんな玄関で驚いちゃうんです。女が四人ぐらい並んで「いらっしゃいませ」と出迎えるので（笑）。

出口　それは拍子抜けしますよねぇ。

半藤　その妾たちの後ろに奥さんが総大将として控えている。これも勝さんが計算ずくでやってることなんですけどね。女ばかり出てきたんじゃ、どんなに荒くれた男でも刀は抜けませんから。自分の身を守るためには、そうやって妾を同居させておくのがいちばんいい。とはいえ、奥さんが納得していたわけじゃありません。あれだけ大事な仕事をした人だから理解はするけれど、心からは許せはしない。だからこんな不埒《ふらち》な男とは一緒の墓には入りたくないと最後まで粘っていたんです。でも人間の願いとはなかなか叶わないもので、結局は同じ墓に入っていますけど（笑）。

出口　そういう生き方は西郷さんとはかなり違いますね。

半藤　西郷さんは身近に女の人なんか置きませんからね。身の回りにいたのは、村田新八みたいな連中ばかりでした。

幕府の権威を昔に戻そうとした井伊直弼《いいなおすけ》

出口　次に時代は少し遡《さかのぼ》りますが、井伊直弼についても考えてみたいと思うのですが、半藤先生はどのようにお考えになっていらっしゃいますか。

半藤　この人のこととなると、脱線するようですが、北条秀司《ほうじょうひでじ》の戯曲「井伊大老」のことが、瞬間的に思い出されてくるのですよ。歌舞伎や新国劇の舞台で何度か観ているんです。安政七年三月二日の夜（暗殺される前の日ですね）、愛妾を前に一献《いっこん》傾けながらしみじみと述懐するんです。日本の国のために開国の修好通商条約に踏みきったが、いずれ国を売った悪賊として攘夷派の先の見えない連中に殺されることになるだろうが、たとえそうなっても悔いはない、というようなことをいいましてね。どの芝居も名優が演じますから、その言葉がしみじみと胸に沁み通ってきますので、どうも困ってしまうんですよ。

出口　カエサルのように、予感がしていたんですね。僕の世代は、井伊直弼といえば、ＮＨＫの大河ドラマの「花の生涯」が目に浮か

彦根 清涼寺蔵

井伊直弼◎（いいなおすけ／一八一五［文化一二］〜一八六〇［安政七］）近江彦根藩主。掃部頭。彦根藩時代、藩政改革により名君と称された。ペリー来航時、相洲の警備を果たし、阿部正弘への意見書で開国論を展開、徳川斉昭と対立。一八五八（安政五）年大老に。勅許を待たず日米修好通商条約に調印、尊攘派の反感を買う。将軍継嗣問題では徳川慶福（家茂）を推す。水戸藩士が朝廷に働きかけて下った孝明天皇からの密勅が契機となり、大名・公卿・志士らへの弾圧を断行（安政の大獄）。一八六〇年三月三日、水戸・薩摩の浪士らに江戸城桜田門外で暗殺された。

びます。

半藤　たしか芥川龍之介《あくたがわりゆうのすけ》の言葉だったと思いますが、悲劇とはみずから羞《は》ずる所業をあえてしなければならぬことである。それゆえに万人に共通する悲劇は心の排泄《はいせつ》作用となる、というのがあったと思いますが、井伊直弼もその悲劇の英雄のように考えられるんですよ。それに性格的にも剛毅果断《ごうきかだん》な人であったし。

その彼が大老になってすぐに、十七世紀の初めに朝廷と幕府の間で結んだ公武法制応勅《こうぶほうせいおうちよく》十八箇条の第二条にある「政道奏聞《そうもん》に及ばず候」を改めて強く打ち出しました。要は「政治のことについてはいちいち朝廷にお伺《うかが》いを立てる必要はない」ということ。つまり井伊は幕府の権威は朝廷の下にあるがごとき今の情勢は間違っていると、昔に戻そうとしたのです。剛腹《ごうふく》といえば剛腹で見事です。それがまた大いなる反感を買った。

そして安政の大獄でしょう。とくに橋本左内までを惨殺したこと、そのほか遠島、追放、押し込め、手鎖《てぐさり》などの刑罰で七〇名以上の人を刑に処したことを考えると、いや、悲劇の英雄とするには少なからず躊躇《ちゆうちよ》せざるを得ない、とも思えてくるんです。それに最大の仇敵ともいえる水戸の徳川斉昭《なりあき》を蟄居、松平春嶽も謹慎させて追い落としたりするのは、やっぱりやりすぎですし。こりゃ日本史上でも珍しい独裁的悪人かなと。

出口　逆にいえば、それぐらいの荒業《あらわざ》を実行しないと日本はもう前には進めないと考えたのでしょうね。

半藤　そして三月三日の桜田門外の変です。私はテロは歴史をよく変えるためには何の役にも立たない。まったく無駄である。むしろテロは歴史を悪いほうにひん曲げる——という説なんですが、この桜田門外の井伊暗殺と昭和史の二・二六事件の二つだけは、歴史を変革するために大きな力点になった、想定外の影響を与えるものであったかな、と思っているのです。それというのも、のちの勤王《きんのう》運動といいますか、井伊直弼へのものすごい反発に繋《つな》がって、ここから幕末の歴史が大きく動き出したからです。それまで幕府の弾圧を恐れて首をすくめていた人たちが、幕府何するものぞと、がぜん倒幕を大声をあげていいだし活動をはじめた。幕府の体制はがたがたとなり、政局はいっぺんにぐらぐらとしはじめます。たしかに直弼亡きあと、幕閣を背負う大した人物がいなかったのも事実ですものね。幕府の威信を高めるためにやった直弼の大胆な政策だったんですが、かえって幕府の命数《めいすう》を縮める結果となった。

出口　良かれと思って断行したことが、裏目に出たということですね。

半藤　それに幕府は財政的にも非常に困難な状況になっていました。不景気で物価が高騰《こうとう》して庶民の生活は相当に苦しくなっています。これも幕府が間違って開国したからだと。外国と貿易なんてはじめるからだと反感も強まり、一般的な攘夷運動へと繫がっていきます。そんなふうなはげしい動きをみますと、直弼はいいときに死んだな、とも思えてきますよね。決して悲劇の英雄なんかじゃないと。

グランドデザイナーとしての大久保利通

出口　次に大久保利通の話をしたいのですが、大久保も西郷と同様、浮いた話はあまりないですよね。また、地位を利用して賄賂《わいろ》を受け取るようなこともあまりしていない。私生活がきれいという点では、西郷と大久保はわりと似ているんですよ。

半藤　なるほど。そういえばそうですね。その点では、どちらも薩摩には珍しいタイプかもしれません。薩摩の人はだいたい女好きらしいですから（笑）。

出口　西郷が創業の人なのに対して、大久保は基本的に守成の人だと見ていいのでしょうか。

半藤　いや、たしかに守成は得意なんですが、破壊の人でもあるんです。破壊と建設の両方をやった人は、大久保だけじゃないですかね。

出口　その意味では、創業と守成の両方ができる。鄧小平のような人物ですね。

半藤　日本では珍しいタイプかもしれません。出口さんも両方おできになるから、大久保タイプかもしれませんよ（笑）。

出口　いえいえ、僕はどちらもできないんですが（笑）、大久保は本当に何でもできますよね。ものすごく荒っぽくいってしまえば、明治維新は大久保利通の作品ですよね。

半藤　そうですね。少なくとも明治新政府は大久保の作品です。たくさんいた志士たちをどんどん減らして、最終的には自分のデザインを受け入れる少数の者だけで政府を固めま

国立国会図書館蔵

大久保利通◎（おおくぼとしみち／一八三〇［文政一三］～一八七八［明治一一］）政治家。薩摩藩下級武士の出身。維新三傑のひとり。同郷の西郷とともに、藩主島津斉彬に登用された。西郷と倒幕運動を推進、岩倉具視らと王政復古の政変を実現。岩倉使節団では副使を務める。帰国後、西郷の朝鮮派遣（征韓論）に反対して「明治六年の政変」を招く。政変後、新政府では、参議などの要職を歴任、殖産興業政策に尽力する。西南戦争では、盟友西郷を死に追いやることとなった。西南戦争の翌年、東京・紀尾井坂で不平士族らに暗殺された。

したからね。しかし残念ながら明治一一年（一八七八年）に暗殺されてしまいました。あのまま大久保中心の政権が続いていたら、どんな国家になったか。山縣有朋の出番はないでしょうから、軍事国家にはならなかったかもしれません。

出口　すると近代日本の歴史もずいぶん違ったものになったでしょうね。

半藤　そう思います。大事なところで大久保さんが殺されてしまったことで、結果的には軍事国家への道が開かれてしまったんですよ。

出口　大久保は日本の長い歴史の中でも数の少ないグランドデザイナーでした。

半藤　といって、決して急進主義者ではありませんけどね。

出口　はい。むしろ言葉の厳密な意味で、保守主義者だったと思います。

半藤　あえていうなら、少しずつ社会を変えていく漸進《ぜんしん》主義でした。しっかりしたデザインを描いてから、その実現に向けて着実に手を打っていく。西郷さんと比べると、大久保利通には薩摩人には珍しく権謀術数《けんぼうじゅつすう》に長《た》けた面もありました。その分、人気は出ないのかもしれませんね。薩摩の人たちが大久保より西郷が好きなのも、そのあたりが大きいのだろうと思います。

出口　でも、権謀術数の能力があったからこそ、きちんと計画を実行して政府を動かせたわけですよね。大久保さんは何でもできる不思議な人で、私生活がきれいだからといっても単に清廉潔白《せいれんけっぱく》なわけでもなく、理屈の通った正論を吐《は》ける一方で悪だくみもできるんです。ああいう人がいたからこそ、スムーズに明治新政府が立ち上がった面はあると思いますね。

半藤　まあ、私にいわせれば、実にうまく革命を起こしやがったということになるんですけどね（笑）。いや、でも、大久保の能力は大したものだと私も思いますよ。

出口　明治政府の中にはいろんな人がいましたが、明治維新の功労者という意味では、最初に開国・富国・強兵というグランドデザインを描いた阿部正弘を除いて、大久保の右に出る人はいませんよね。

半藤　それはいないでしょうね。

薩長同盟を実現させた桂小五郎の性格

出口　大久保は現実的に物事を進めていく漸進主義者でしたが、維新の三傑（西郷・大久保・木戸）の中では、木戸孝允が急進主義者でしたね。桂小五郎のときから、わりと西洋かぶれのところがあって、新しい考えをガンガン発言しています。ただし根回しを上手にするような政治力がないので、実行力には欠けるきらいがある。

半藤　桂小五郎には、どうも性急なところがありましたね。ただ、彼は徹底的な殺人否定論者です。幕末の志士の中では珍しいでしょう。勝海舟は自分で刀を縛っていたぐらいですから人を殺すことはなかったと思いますが、桂と同じ長州の連中は総じて危《あや》ういところがありました。伊藤博文も山縣有朋も高杉《たかすぎ》晋作《しんさく》（一八三九〜一八六七）もみんなテロリストでしたからね。しかし桂小五郎という人は本当に人を殺していません。

出口　合理主義者ですよね。先ほど勝海舟が

国立国会図書館蔵

桂小五郎（木戸孝允）◎（かつらこごろう［きどたかよし］／一八三三［天保四］〜一八七七［明治一〇］）政治家。長州藩医の次男に生まれ、桂九郎兵衛の養子となる。維新三傑のひとり。慶応元年、木戸と改姓。吉田松陰の門下、その後江戸に出て斎藤弥九郎の塾で修行。のちに尊皇攘夷運動に奔走。薩長同盟を成立させた。岩倉使節団には副使として参加。帰国後は、征韓論に反対。憲法の制定を建言したが、富国強兵政策に邁進する大久保との間で台湾征討をめぐり対立、一時官職を辞した。復職後は健康が優れず、西南戦争のさなかに京都で病没。

最初のコスモポリタンで合理主義者だったという話をしましたが、それとはやや毛色は違うものの、桂小五郎も勝さんと近いものがあるように思います。

半藤　近いでしょうね。たとえば、最初に土佐浪士の中岡慎太郎と土方久元が薩長同盟を長州に持ちかけたときに応対したのが桂なんですよ。あれがもし高杉晋作だったら、「そんなバカなことができると思うか」と一喝《いっかつ》して、聞く耳を持たなかったんじゃないでしょうか。ところが、桂小五郎だったから、うまくいったんです。

出口　なぜ桂さんだったんでしょうか。

半藤　とくに必然性はなかったんですよ。たまたま、そのとき下関にいたのが桂小五郎だったらしいですよ。歴史とは偶然を用意するものなのですよ（笑）。で、桂小五郎が話を聞いて「それは非常に良い案だ。それでめでたく収まるならそうしよう」と乗っかった。そこから、坂本龍馬が活躍する余地もできたわけです。

薩摩屋敷で西郷さんと同盟の調印をしたときも、長州代表として出席したのは桂ですよね。これは有名な話ですが、何日経っても西郷のほうから話を切り出さないので、さすがの桂もしびれを切らして「せっかくの話だが、これはダメだ」と草鞋《わらじ》の紐を結んで帰ろうとしたところに、坂本龍馬がひょっこり現われて「もう話は済んだ？」と聞くわけです。

すると桂さんが「まだだ。向こうが何も言わないから、これから帰ろうとしていた」と言うので、龍馬は「馬鹿者！　何を言ってるんだ！」と怒鳴《どな》りつけた。坂本龍馬という人は死ぬまでに二回しか怒ったことがないそうですが（笑）、そのうちの一回がそのときだそうです。

出口　もうひとつがいつなのか気になりますね（笑）。

半藤　それは知りません（笑）。しかし桂にしてみれば、自分たち長州は蛤御門《はまぐりごもん》の変で朝敵になっているわけですよ。そういう立場の長州のほうから「同盟を結んでくれ」と頼むのは、降伏するのと同じことになってしまうんですね。だから自分からは言い出さず、西郷が話をしてくるのをじっと待っていたんです。性急なところのある人ですけど、そういう我慢強さもありましたね。

出口　最後は帰ろうとしたわけですが、高杉晋作だったら龍馬が現われる前にさっさと帰ってしまったかもしれませんね。

半藤　「もう、やーめた」と（笑）。高杉にかぎらず、桂以外の人間ではダメだったんじゃないですか。

出口　そう考えると、やはり長州の中では桂がいちばんの親分だったんですよね。

半藤　そうだと思いますよ。ただ、この方は長州人としては珍しくあんまり政治的な暗躍をする人ではなかったみたいですね。

出口　きれいなんですよね。ポリティックス（政略）の能力があまりない。

半藤　名前を木戸孝允に変えてから新政府に入りましたが、非常に弁は立つし頭の回転も速い人ではあるんです。でも、ちょっと権謀術数に欠けているんでしょう。だから、大久保に押され気味なんですよね。そもそも長州には一直線の人が多いから、新政府の中でも浮き気味なんです。その防波堤が木戸孝允ですよ。大久保とのあいだを取り持って、何とか長州が新政府の中で力を持って生き残るための強力な防波堤だったと思います。そういう点ではなかなかの人物だと思うんですけど、どうも私たちの賊軍派から見ると、いつも逃げてばかりいるように見えてしまう（笑）。

出口　言いたいことは言うけれど、あまり行動はしない印象がありますね。

半藤　ええ。司馬遼太郎さんも『逃げの小五郎』という題の短編小説を書いています。

出口　思想的には開明派ですよね。いまの世の中でも、頭が良くて弁の立つ開明的な人の中には、いざ勝負時となると逃げ出す人がいますよね。腹が据《す》わっていないというか。

半藤　まあ、頭の良い人は大体がそうなんですよ。勝さんだって、逃げはしませんでしたけど、あまり自分ではやりたがりませんよね。

出口　そういう面では、やはり大久保さんは珍しいタイプです。頭が良くて、汚いこともできて、腹も据わっている。

半藤　しかし木戸孝允は病身で、早くに亡くなったのはちょっと気の毒でしたね。なかなか行動できなかったのは、体が弱かったせいもあるでしょう。病身でなければ、もっと活躍した人だろうと思います。

最大の陰謀家・岩倉具視

出口　権謀術数といえば、岩倉具視はいかがですか？　あの時代における最大のワルじゃないかと思うのですが（笑）。

半藤　幕末から明治にかけての最大の陰謀家だと思いますね。あの革命を起こすために、あらゆる術策を平気でやった人じゃないでしょうか。

出口　この人ほど、権謀術数を使うことに良心の痛みを感じない人も珍しいですね。

半藤　そうでしょうね。公家という立場を使って、やりたい放題だった印象があります。

鳥羽伏見の戦いで錦《にしき》の御旗《みはた》を作ったのもそうですし、討幕の勅命にハンコを押す術策も、みんな岩倉が中心でやったことです。事によると坂本龍馬をぶっ殺したのもこの人じゃないかと言いたくなる（笑）。いや、それは嘘ですけども。

出口　当時の明治天皇と岩倉具視の関係はどうだったんでしょうか。

半藤　岩倉にとっては、明治天皇なんて眼中になかったんじゃないですか。

出口　明治天皇は即位したとき、まだ一五歳前後ですからね。

半藤　そうです。岩倉はかなりの年ですからね。この人は、隠遁《いんとん》生活が長いんです。中国の習近平《しゅうきんぺい》みたいに、不遇の時代が長かった。

国立国会図書館蔵

岩倉具視◎（いわくらともみ／一八二五［文政八］〜一八八三［明治一六］）公卿。政治家。下級公卿・権中納言堀河康親の次男。岩倉具慶の養子。一八五四年（安政元）孝明天皇の侍従に。日米修好通商条約勅許の奏請に対し、阻止をはかる。公武合体派として和宮降嫁を推進したため、尊皇攘夷派から「四奸」のひとりとして弾劾され岩倉村に潜居。以後、討幕へと転回し、大久保利通らと王政復古のクーデターを画策。新政府では、参与、議定などを歴任。廃藩置県後に右大臣。岩倉使節団特命全権大使。帰国後、西郷の征韓論を阻止。欽定憲法制定の方針を定めた。皇族、華族の保護にも力を注いだ。

それが表舞台に戻ってきて、俄然張り切ったんですよ。朝廷のいちばん中心にいて、あらゆる根回しをやったんです。

出口　岩倉は、やはり幕府が憎かったんでしょうか。

半藤　そうだったと思いますね。やはり、幕府よりも朝廷のほうが権威も権力も上だと思ってたんじゃないですか。

出口　せっかく革命の気運が出てきたから、それに乗じて長く続いた武家政権を倒して、また公家が取り仕切れる世の中にしようと思ったのでしょうか。

半藤　そうでしょうね。公家が政治の中心にいるのが、日本の当たり前のあり方だと考えていたんじゃないでしょうか。

出口　そうするには絶好のチャンスだから、薩長の連中をうまく転がして、最終的には自分が取り仕切ろうと思っていたわけですね。

半藤　ですから、あのときは小御所会議とかいろいろな会合がありましたが、どこでも必ず岩倉の名前があります。

出口　大事な意思決定の場にはほとんど顔を出していますよね。

半藤　三条実美もいるんですが、こちらは無能で。

出口　三条家は家格が高いから、岩倉の飾りとして使われたのでしょう。

半藤　そうですね。三条を看板として出しておいて、実際の術策はすべて岩倉が自分でやるわけです。その意味で、やはり最大の陰謀家なんですよ。薩長の侍どもは宮中のしきたりなどをまったく知らないので、いざというときには岩倉がいないと何もできなかったでしょうしね。一方の岩倉も薩長の軍事力がないと何もできない。

出口　逆に、薩長も倒幕という自分たちの目的のために岩倉を使ったわけですよね。とくに大久保利通にとっては、宮廷を仕切る上で、岩倉のような陰謀家がいると非常に都合がいい。

半藤　そうですね。ですから、岩倉と大久保や西郷がどの程度まで気の合う間柄だったのかはわかりませんし、基本的な考え方にはかなり違いがあっただろうとは思いますが、お互いに利用価値は十分にあったわけです。西郷さんは途中でポンと離れてしまいましたけどね。権力争いというのは難しいもので、大事なのはどちらが勝つかではないんです。どちらが先に諦《あきら》めるかで決着がつくんですよ。

出口　なるほど。諦めたら負けですからね。

半藤　権力は、最後まで狙い続けなければ取れませんから。最後まで権力を狙い続けたという点では、大久保と岩倉はいいコンビだったんじゃないでしょうか。岩倉自身は三条を立てているので、あまり表面には出ませんけれど。

出口　でも、本当はいちばんのワルですよね。

半藤　まあ、私の個人的見解では、いちばんのワルは誰かと問われれば、岩倉具視だと答えたくなりますね（笑）。でも、悪口ばかり言うのも良くないので、岩倉具視の偉いところをひとつ挙げておきましょう。

政府が征韓論で揉《も》めに揉めたとき、最後は明治天皇の裁可を仰ごうということになりました。そこで岩倉が明治天皇に会いに行くことになるんですが、その前に西郷さんが桐野利秋などの血気盛んな奴らを連れて岩倉のところへ最後の談判に行くんですよ。

出口　岩倉は征韓論反対派ですよね。賛否同数で、太政《だじょう》大臣・議長の三条がストレスで倒れてしまい、岩倉が三条の代理として上奏することになった。

半藤　そうです。その岩倉の前で、「明日の天皇陛下への上奏では、是非われわれの意見を通してくれないか」と桐野あたりが刀をカチャンと鳴らす（笑）。

出口　脅《おど》したんですね。

半藤　しかし岩倉は「おぬしらが何を言おうと私の考えは決まっている」と動じなかった

んです。ならば斬ってしまえばよかったのかもしれませんが（笑）、西郷さんは「さすがは岩倉だ」などと感嘆して、談判をやめたんです。桐野は口惜《くや》しがりましたが。

出口　そういうところも西郷さんは淡泊ですよね。

半藤　そういう面で、岩倉は公家のわりに度胸はあるんですよ。あっぱれです。

伊藤博文と山縣有朋

出口　さて次に、西南戦争の前後に木戸、西郷、大久保という「維新の三傑」が相次いでこの世を去った後に出てきたリーダーたちの話を聞かせてください。前章でもその「小物感」を語り合った伊藤博文と山縣有朋ですが（笑）、ここでひとつよくわからないのは、伊藤も山縣も長州出身という点です。

それまで実権を握っていた大久保利通は薩摩閥ですよね。西郷さんもそうでした。たとえば一八七四年（明治七年）の台湾出兵（台湾に漂着した琉球島民五四人が殺害された事件の捜査のための出兵）などは、琉球を領地にしていた薩摩のための戦争だったという見方もあるぐらいです。明治新政府は基本的に薩摩が仕切っていたといっていいでしょう。ところがなぜか大久保は長州の伊藤博文をかわいがりますよね。伊藤のほうも大久保のことをベタ褒めしています。その二人の関係のせいかどうか、大久保の死後は薩摩に代わって長州の天下になってしまうのが不思議といえば不思議です。

半藤　西南戦争で薩摩のめぼしい人材は半分ぐらい消えてしまいましたからね。残ったのは長州だけなんですよ。

出口　大久保はどうして藩閥の壁を越えて伊藤をかわいがり、伊藤は大久保に私淑《ししゅく》したんでしょうか。

半藤　伊藤のほうが、大久保を「使える」と考えたんじゃないでしょうか。もともと伊藤博文には八方美人なところがありますから

国立国会図書館蔵

伊藤博文◎（いとうひろぶみ／一八四一〔天保一二〕～一九〇九〔明治四二〕）政治家。長州藩出身。農家に生まれるが、父が萩藩の中間の養子となり下級武士の身分を得る。松下村塾に学び、尊皇攘夷運動に身を投じたが、英国に留学して開国論に転じた。岩倉使節団の副使として欧米を視察。大久保利通の片腕となり、殖産興業政策の推進に尽力。大久保死後、内務卿に就任。初代内閣総理大臣就任。大日本帝国憲法の制定に貢献。四度組閣。日清戦争講和条約調印。日露戦争後、初代韓国統監を務めるが、ハルビン駅で暗殺された。

ね。根回しもすごくうまい。すでに話しましたが、坂本龍馬的人間。誰とでも分け隔《へだ》てなく仲良くできる人ではあるんです。だから薩摩と長州という違いは気にせず、大久保さんにくっついていったほうが出世の道が開けると思ったんでしょう。

出口　伊藤のほうから大久保にすり寄ったんですね。

半藤　そうだと思いますよ。だから岩倉使節団のメンバーに大久保が自分を選んでくれたのは、すごく嬉しかったんじゃないですかね。自分からも大いに売りこんだんでしょうし。

出口　伊藤博文は能吏《のうり》ですよね。中国でいえば周恩来《しゅうおんらい》に似ている気がします。

半藤　明治時代きっての最高の能吏でしょう。

出口　だから周恩来のように何でもできるけれど、ビジョンは描けないんですね。しかしビジョンはあらかじめ阿部や大久保が描いてくれていました。

半藤　大きな枠組みは阿部を受け継いで大久保が全部作りましたから、それに合わせて行なったんですね。ただし伊藤という人は、気の強いところもあったんでしょうけど、ちょっと八方美人すぎて信頼が置けない面があるんです。一方の山縣という田舎武者は、グングンと力で押していった。ですから、後世への影響力でいえば、伊藤の指導を受けた人びとは凋落《ちょうらく》して見る影もなく、山縣のつくったものは永久に存在し、国家を動かし、猛威をふるいました。官・軍にわたる官僚制度であり、統帥権《とうすいけん》の独立（国軍に対する命令権である統帥権が、大日本帝国憲法下では天皇のみが有する権利として、一般国務から独立して運用されるとしたもの）であり、治安維持法であり、なかんずく「現人神《あらひとがみ》思想」です。

出口　次の言葉は、たしか徳富蘇峰《とくとみそほう》が言ったんでしたかね。伊藤は仕事ができるが淡泊なので、みんな伊藤を尊敬するけれど「伊藤派」はいない。しかし山縣はすり寄ってきた奴は可愛い可愛いと言ってみんな面倒をみるので派閥ができる、と。

半藤　山縣は完全に派閥を作りましたよね。

国立国会図書館蔵

山縣有朋◎（やまがたありとも／一八三八［天保九］～一九二二［大正一一］）軍人。政治家。長州藩出身。蔵元付中間組の家に生まれる。松下村塾に学び、高杉晋作や伊藤博文らと尊皇攘夷運動に身を投じる。奇兵隊を率いて倒幕運動で活躍。英・米・仏・蘭四国連合艦隊と交戦して敗れ、負傷。新政府では、陸軍で兵制改革に従事。兵部大輔、陸軍卿を歴任、佐賀の乱・西南戦争では征討参軍。伊藤博文とともに明治政府の最高指導者となり、内務卿、枢密院議長、総理大臣等を歴任。二度組閣。伊藤博文死後は、軍事・政治両面で絶大な権力を握り、元老政治を行なった。

あの人は軍人ですから、軍人仲間同士で集まりやすい面もあったでしょう。

出口　つるむ能力が高いんですね。

半藤　しかも山縣は強気な人ですから、山縣に反《そむ》いた元腹心の谷干城《たにかんじょう》（土佐）や三浦梧楼《みうらごろう》（長州）、鳥尾小弥太《とりおこやた》（長州）、曾我祐準《そがすけのり》（柳川《やながわ》）の有能な四将軍をみんな途中でクビにしますよね。それで自分ひとりの天下を獲《と》っちゃいますから。そういう面では、山縣という人は凄い辣腕家《らつわんか》です。なぜあんな辣腕家になれたかというと、そもそも山縣は侍の出身みたいな顔していたけれど、足軽《あしがる》より下の中間《ちゅうげん》という身分だったんですよ。大名行列の先頭で「下に〜、下に〜」と言いながら槍《やり》を投げて受け取ったりする役目。

出口　最下級の出身ですよね。

半藤　伊藤博文も下級武士なんですが、山縣はそれよりもっと下なんです。だから武士に対しては恨み骨髄《こつずい》なんですよ。「武士なんてものは、威張《いば》ってばかりいやがって、けしからん奴ばっかりだ」などと思っていますから、平気で叩き潰せたんだと思いますね。

出口　伊藤博文は大久保利通にすり寄って頭角を現わしたわけですが、山縣は誰がかわいがったんですか。

半藤　西郷さんですよ。岩倉使節団の出発前に西郷を引っ張り出したのも山縣でした。その後も、西郷改革を山縣が手伝ったんですね。ですから西郷さんを最後まで奉《たてまつ》っていた。もっとも、本人が実際のところどう思っていたかは知りませんよ。

出口　でも西南戦争のときは、まったく逡巡《しゅんじゅん》することなく西郷軍を攻撃しましたよね。

半藤　それで西郷さんの首を見てハラハラと涙を流したというんですが、嘘泣きだったんじゃないかと思えなくもない（笑）。しかし、それ以降の明治政府で西郷という英雄の威光を背負っていたのは間違いなく山縣です。

伊藤、山縣の権威づけに利用された吉田松陰

出口　伊藤は大久保、山縣は西郷の威光を背負ってリーダーになったわけですが、さらに彼らは長州人として吉田松陰の威光を最大限に利用したといわれています。

半藤　はい。まあ、前にも申し上げたとおり、私にいわせれば吉田松陰はむしろ危険な人物にすぎないんですがね。

出口　吉田松陰は早く死んでいますしね。

半藤　伊藤、山縣は箔をつけるために、自分たちは松下村塾《しょうかそんじゅく》の門下生であると強調しま

した。ほかの松下村塾出身者の優秀な人たちは、蛤御門の戦いあたりでみんな死んでいますからね。たとえば将来を嘱目《しょくもく》された吉田稔麿《よしだとしまろ》（24）は池田屋で、久坂玄瑞《くさかげんずい》（25）と入江九一《いりえくいち》（28）は蛤御門の戦いで死んでいます。高杉晋作（29）も第二次長州征伐戦で陣没、といった具合です。（丸カッコは享年・数え年）

出口　優秀な人たちはもう死んでしまっていて、伊藤と山縣ぐらいしか残っていなかった。そういう意味では売れ残り感のある人たちだといってもいいんでしょうか（笑）。

半藤　吉田松陰にいわせると、山縣は「丸太ん棒」だそうです。その何の役にも立たない「丸太ん棒」が残っちゃったんですよ（笑）。吉田松陰そのものも大した人物ではないが、伊藤と山縣はその門下生の中でも大したことないんです。

出口　それなのに、権威づけのために吉田松陰をフレームアップしたというわけですね。

半藤　そうだと思いますね。それまで大して注目されていなかったのに、彼らが「維新の原動力になったのは吉田松陰の教えだ」と言い始めた。

出口　必ずしもそんなことはないですよね。松陰は早く死んでしまいましたし。

半藤　そうなんですよ。安政《あんせい》六年（一八五九年）に三〇歳の若さで死んでいますから、そんなに大きな影響は与えていないはずなんですが、長州の連中にいわせれば「維新の原動力」ということになっているんです。

出口　維新の原動力が吉田松陰だとしたら、最後の門下生である伊藤と山縣には、松下村塾の理想を受け継ぐという正統性が出てきますからね。

半藤　ええ。「われわれが吉田松陰の遺志を継いで明治の新しい国家を造るんだ」ということになってるんですよね。まあ、手前たちが天下を獲ったから格好づけのためにそう言ってるだけだと思いますが。松陰が死んだとき山縣はまだ二二歳、伊藤は一九歳の若僧にすぎないんです。実は私、人から頼まれて『山県有朋』（ちくま文庫）という本を書いたことがあるんですが、正直なところ、書きながらずっと「こんな嫌な奴はいないな」と思っていました。ふつう、対象に愛情を持ってないと本なんか書けないんですけど。

出口　書いているうちに愛情が移るといいますよね。

半藤　ふつうはそうですよね（笑）。いろいろ調べていくうちに「この人も苦労したんだな」などと思うものでしょう。たしかに山縣も、若い頃は武士階級の奴らに蔑《さげす》まれて、気の毒なところもあるんですけどね。のべつ蹴飛《けと》ばされていて、川に落とされたりして。そういう意味では、苦労した人だとは思います。だから恨み骨髄なんですよ。武士階級が潰れるのを、むしろ快感を持って見ていた人じゃないですかね。伊藤のほうは、それほど武士に恨みはないようです。

出口 伊藤はニュートラルな印象がありますよね。性格もおっとりしている。

半藤 伊藤は晩年まで八方美人ですから、武士階級の出身者にも決して嫌われなかったと思いますね。山縣は武張って鼻っ柱が強いところがありますから、たぶん、ものすごく嫌われたんじゃないでしょうか。

出口 革命の第一世代である木戸孝允、西郷隆盛、大久保利通という巨木が倒れた後、下級武士からのし上がった伊藤、山縣が残り、松陰門下のほかの人たちはみんな死んじゃったので、吉田松陰の最後の直弟子ということで権威づけを図った。それによって、吉田松陰が実態以上に大きく顕彰され、歴史上の偉人になってしまったというわけですね。

半藤 私はそう見ていますが、吉田松陰を大事に思う人たちは、そんなこと言うと怒りますね（笑）。私も小学生の頃、世田谷の松陰神社に何度か遠足で行かされて、お参りをしたものです。あそこの境内には松下村塾の模型があるんですよ。それを見ながら「ここから明治維新が始まりました」なんて教わりました。だから子供心に「ああ、吉田松陰という人は偉いんだな」と思って育ちましたけど、大人になってからいろいろ調べてみると、そうでもないなと（笑）。

出口　実際にやったことは、私塾を作って集まった若手に勉強させ、世直しをアジったぐらいのことですね。

半藤　そこで、どの程度のことを教えたのかもよくわからないんですよ。

出口　伊藤や山縣も大した教えは受けていなかったかもしれませんね。

半藤　少なくとも、直に何かを教わったことはないんじゃないでしょうか。

自由民権運動の志士・板垣退助

出口　最後に、自由民権運動の志士、板垣退助については、いかが思われますか。

半藤　板垣は旧姓乾《いぬい》の、若き時代のほうが、強く印象に残っています。たしかそのころは名を猪之助《いのすけ》といいましたかね。その乾猪之助がやったことといえば、土佐藩（高知）をとにかく尊皇討幕に傾かせるために、身命を賭《と》して奮闘努力しましたからね。そして諸藩の同志とも通じ、ついには軍事総裁にまで昇りつめたんですから、その活躍ぶりは察せられます。そして戊辰戦争では土佐藩兵を率いて出撃し、政府軍の参謀として会津攻めで殊勲《しゅくん》をたてる。ま、親の威光とかに乗っかった、二世的な生半可な政治家ではなかったと思いますよ。その乾が板垣退助（たしか退助は通称だったと思いますが）になったころ、こう語ったといいます。

「会津武士は、白虎隊《びゃっこたい》といい、ひとり残らずほんとうによく戦った。感服している。が、百姓や町人はただ自分のことを考えて逃げるばかり。それで精一杯で何の役にも立たなかったようだ。それを見て考えたね。これは百姓・町人の罪ではなく、政治がいけなかったのだと。会津は百姓・町人を虫けらのように扱う政治をやっていたから、みんなが力を合わせることにはならなかったのだ。そうだ、早くみんなの政治にしないと、明治日本も会津の二の舞いになってしまう、そうしみじみと考えさせられた、とね」と。

国立国会図書館蔵

板垣退助◎（いたがきたいすけ／一八三七〔天保八〕～一九一九〔大正八〕）政治家。伯爵。土佐藩上士乾正成の嫡男。戊辰戦争では、土佐藩を率いて東北各地の戦闘に勝利。甲斐進軍前、岩倉具視からの勧めで板垣に改姓。朝鮮派遣（征韓論）を巡り、西郷らとともに辞任。愛国公党を組織し、後藤象二郎ら下野参議らと民撰議院設立建白書を提出したが却下された。以後自由民権運動を指導。一八八一（明治一四）年自由党成立、翌年岐阜で暴漢に襲われたときの言葉は有名。一八九一年自由党総理。第二次伊藤博文内閣内務大臣。大隈重信内閣内務大臣。一九〇〇年立憲政友会成立を機に政界引退。

四民平等の民主政治が国を強くするゆえんであることを、こうして板垣は悟ったというんですね。板垣がやがて自由民権運動の指導者となる基《もとい》はここにあったと。それでもって、戊辰戦争も少しは近代日本建設に役立ったところがあったのだ、という意味で忘れられない話なんです。

出口　なるほど。板垣の目には、会津藩がかつてのスパルタのように見えたということですね。スパルタは、自由市民に倍する非自由身分のヘイロタイを抱えていました。

半藤　新政府の一員となってからは、高知藩大参事、参議と着々と偉くなっていきましたが、例の西郷さんの征韓論に敗れての下野に行《こう》をともにして、江藤新平らとともに辞職します。このへんは板垣は何を考えてのことなのか、ちょっと不可解なのですが、翌年に政府の藩閥専制を強烈に批判して、後藤象二郎や副島種臣《そえじまたねおみ》らとともに「民撰議院設立建白書」を出していますから、そうか、このことを板垣は主眼に考えていたのか、と理解はつくのです。これがつまりは日本の自由民権運動のスタートとなりましたからね。その後、いろいろありましたが、もう一度政府部内の一員となったり、また大久保とぶつかって下野したり、と忙しかったのですが、二度目の下野でふたたび土佐で単なる一地方のワクを越えた民権活動の中心人物となって、反政府運動をやっているときに、西南戦争が起きたのです。

出口　その時板垣の胸をよぎったのはどのような想いだったのでしょうね。西郷は同志だったのですから。

半藤　明治新政府が西郷軍との戦いをはじめるとき、いちばん恐れていたのが実はこの板垣を中心とする土佐の民権主義者たちの蜂起だったのですよ。いま市谷にある防衛省防衛研究所保存の旧日本軍の史料のうちの、西南戦争の記録のなかにある「探偵報告書」という史料をみると、びっくりさせられますよ。西南戦争がはじまる前から暗躍してるスパイの、それはもうアッと驚くほどの活躍ぶりが残されています。鹿児島はもとより土佐へもスパイを山ほども送りこんでいる。新政府は西郷の反乱に呼応して、板垣の蹶起《けっき》を心《しん》から恐れていたのです。しかし、板垣は動かずとわかって胸をなでおろし、全力を鹿児島へと傾注することができたことが、はっきりと読みとれるのです。この探偵たちを指揮していたのが西郷従道《つぐみち》（一八四三～一九〇二）なんですが、これにも驚かされました。

出口　何しろ父母を同じくする西郷隆盛の実の弟ですからね。年は一五歳以上離れていたようですが。

半藤　あと板垣のやったことは、明治一四年一〇月にこの国の最初の全国的政党としての自由党の結成、ということになるのですが、まあ、その理論的な代表は中江兆民《なかえちょうみん》、大井憲太郎《おおいけんたろう》、植木枝盛《うえきえもり》ということになるのでしょうね。そして板垣は、というと、翌一五年四月に岐阜で暴漢に襲われて遭難、危うく暗殺されそうになったとき叫んだという、「板垣死すとも自由は死せず」という名言、になるんでしょう。が、いまはこれは新聞記者の小室《こむろ》信介《しんすけ》がつくって、見事に演出したものであった、とされています。ほんとうは「痛くてしようがないので、早く医者を呼んでくれ」であったんだ、というんですがね。これじゃ身も蓋もない話になってしまいますが。

出口　名言の多くは、実は後世の脚色だったりしますよね。シェイクスピアが広めた「ブルータス、お前もか」という今際《いまわ》の際《きわ》のカエサルの有名な言葉も、ローマ時代から史実かどうかの議論が延々と行なわれています。

西南戦争で薩摩が勝つと思っていたアーネスト・サトウ

出口　ところで、ここまでは幕末から明治維新にかけて活躍した日本人を見てきましたが、当時日本にいた外国人に明治維新はどんなふうに見えていたんでしょう。

半藤　たとえばアーネスト・サトウは、西南戦争が起きたとき薩摩にいたんですよね。本人が書いたものを読むと、彼は西南戦争で薩摩が勝つと思っていたようです。

出口　なぜ薩摩が勝つと思ったのでしょう。

半藤　薩摩にいたアーネスト・サトウから見ると、各地にいる西郷さんの信奉者たちが薩摩を助けるだろうと思えたんでしょう。西郷さんが「よし、お主たちに命を預けよう」と立ち上がった以上、まず熊本城を守っている参謀長の樺《かば》山《やま》資《すけ》紀《のり》（一八三七〜一九二二）が西郷さんの信奉者ですから、城を開いて迎え入れるだろうと。そこから下関に進軍すれば、

アーネスト・サトウ◎（一八四三〜一九二九）外交官。通訳。ロンドン生まれ。一八六一年中国および日本駐在の通訳生募集に合格、北京に赴任後、一八六二年（文久二）、英駐日公使館の通訳生として来日。幕末から明治の初期にかけて、並外れた語学力を駆使し多くの人士と交流した。一八八四年からシャム総領事代理などを歴任したのち、一八九五年から駐日特命全権公使に就任（一九〇〇年まで在任）。日記をもとにした回想録『一外交官の見た明治維新』は当時の状況を伝える第一次資料。

こちらも薩摩藩士として戊辰戦争では西郷さんに重用された川村純義《かわむらすみよし》（一八三六〜一九〇四）が迎えの船を用意しているに違いない。下関から船で大阪まで行けば、戦わずして西日本は薩摩軍の支配下となる。そこから東京に向かって物を申す……というのが、もっとも理想的な作戦計画だったわけです。どこまでリアリティのある話かはともかく、アーネスト・サトウはそれを聞いて薩摩が勝つと思ったようなんですね。もっとも西郷さん自身も、われ起《た》たば事かならず成らん、との自信をもっていたともいわれていますがね。

出口　しかし結果は明治政府軍の圧勝でした。

半藤　政府軍の勝因は、武器のレベルに大きな差があったことと、通信網が整っていたことです。政府軍は電信を引いて素早く情報をやり取りできるようにしていましたし、諜報活動も重視していました。土佐が西郷軍と一緒に立ち上がるのではないかという噂もあったりしたので、あちこちにスパイをむちゃくちゃに送り込んで情報収集していたんですね。すでに板垣退助のところでふれましたが、その諜報活動を仕切っていた大将が、西郷従道なんですよ。

出口　西郷隆盛の弟ですね。お兄さんが征韓論で下野した後も、政府に留まって陸軍中将になっていました。

半藤　その西郷従道が敷いた諜報網のおかげで、熊本城を無血開城させて下関から船で大阪に向かうという作戦計画も、みんな政府軍に筒抜けだったんです。ですから政府軍は熊本城の守りを固めるために谷干城を送り込むなど、先に手を打っていました。アーネスト・サトウは、そこまでは知らなかったんです。

実は勝海舟も、そのときは引退していて情報がなかったので、西郷が勝つのじゃないかと思っていました。西郷軍が革命をやり直して、またゴタゴタが始まって新政府も作り直しになると思っていたようです。「日本はいつになったらちゃんとした国家ができるのかね」なんて書いていますよ。

出口　政府軍の態勢を知らないと、それぐらい西郷軍に勝機があると思えたんですね。しかし逆にいうと、通信や武器を近代化していれば、相手がどんなに強くても勝負にならないということでもありますね。

半藤　田原坂《たばるざか》の戦いでは、「雨は降る降る人馬《じんば》は濡れる」という良い歌もありますけど、あのときに政府軍が撃った弾の数なんて凄《すさ》まじいですからね。あんなにムチャクチャに弾を撃たれたら、薩摩軍がどんなに強くても話にならんですよ。

出口　第二次世界大戦時のアメリカ軍と日本軍のような感じですね。情報が全部筒抜けで、兵器のレベルも全然違うとなったら、いくら大和魂《やまとだましい》で立ち向かっても勝てませんよね。

半藤　それに、実は、勝さんが西郷軍が勝つと予想したのは、彼の大久保嫌いのせいもあったのじゃないか、と思われるんですよ。七月一三日に訪ねてきたアーネスト・サトウにこんなことを語っていることがサトウの日記に書かれているんです。

「ずっと以前から、自分は大久保の支配下にある政府には仕えまいと心に決めている。（略）実は薩摩の反乱が起きる前のことだが、政府の使者として鹿児島に下り、騒動の勃発を防止するような話し合いをつけてくれという申し入れが、自分にたいして何度かあったのだが、大久保の伝言を届ける人足として利用されるのは御免だといって断わり、それでこの計画はつぶれてしまったよ」

なんともすさまじい大久保嫌いの打明け話で、こんな思いでいるから、西郷が勝てばいいなとひそかに願っていたのかもしれませんがね（笑）。

「アラビアのロレンス」たちが飛び回った幕末の動乱期

半藤　それにしても、幕末の外国の外交官たちはさまざまな動きをしたキーマンでもありますから、アーネスト・サトウさんの日記は当時のことを知るには欠かせないぐらい面白いですよね。先ほど話した勝海舟とパークスの会談にしても、その前に勝さんはアーネスト・サトウに会って、面会できるよう手配してくれと頼んでいます。ところがパークスは勝さんが来ることを知っていながら、何時間も待たせた。それぐらい会いたくなかったんでしょうね。

出口　とくに、まだ幕府と薩長と朝廷がお互いに策略を用いながら綱引きをしている時期は、しっかりした日本の主体がないので、外国人も個人技でいろいろな動きができたのでしょうね。しかし正統な新政府ができあがると、個人が活躍する余地がなくなってしまう。だからアーネスト・サトウも情報が入らず、西南戦争の成り行きを正確に予測することができなかったのだろうと思います。

半藤　武器の購入なども、それまでは個人で仲介できたでしょうが、政府ができると官僚が仕切るようになりますからね。

出口　やはり日本がバラバラのときのほうが、個人の裁量で面白い動きができた。

半藤　そうです。そのときは、アーネスト・サトウにしろ、駐日フランス公使のレオン・ロッシュ（一八〇九〜一九〇二）にしろ、大活躍していますよね。ロッシュなどは、徳川慶喜を盛んに「フランスから武器を調達してやるから、戦え戦え」と焚《た》きつけてますよ。もっとも、慶喜は言うことを聞きませんでしたけどね。そんな具合に、新政府ができるまでは英仏の外交官どもが活発に動き回っていました。だからアーネスト・サトウの日記も、そこまでは面白いんです。

出口　みんながバラバラで争っていて、きちんとした政府がないから、日本版「アラビアのロレンス」たちが頑張れたということですね。『ロレンスがいたアラビア』（白水社）という本を読んだのですが、第一次世界大戦中のアラブ世界には、ロレンスのような若者が何人もいて、それぞれが好き勝手にいろいろなことをやっていて驚きました。

半藤　日本版「アラビアのロレンス」とは良い喩《たと》えですね（笑）。そう、幕末の日本では、何人もの「アラビアのロレンス」が飛び回っていたんです。

出口　でも、とにもかくにも明治新政府という中央集権国家ができてしまったら、外務大臣も通商大臣もいるわけですから、個人がウロウロしても相手にされません。

半藤　それ以降は、新政府の中心になった大久保さんあたりが、向こうの外交官と折衝していたんでしょう。

出口　そこからは完全に組織戦になってしまったんですね。そういう意味では、西南戦争のときにはもうすっかり時代が変わっていたといえるように思います。

半藤　そうですね。西南戦争が始まる前、木戸孝允が死ぬ間際の病床で突然「西郷、もう大抵《たいてい》にせんか」と大声で叫んだといわれていますが、それも時代が変わったことを頭のいい彼は知っていたからでしょう。政府軍は近代化されているので、西郷軍に勝ち目がないとわかっていたんだと思います。

出口　個人が組織と戦ってはいけない、と言いたかったんでしょうね。

半藤　木戸さんは、自分がもうじき死ぬと覚悟していたこともあって、せめて大久保の対抗軸として西郷を生かしておきたかったんじゃないでしょうか。しかし、まさか翌年に大久保利通まで暗殺されるとは思っていなかったでしょうね。くり返しになりますが、もし明治一一年に大久保が紀尾井坂《きおいざか》で殺されていなかったら、日本はどういう近代国家になったのか。歴史に「タラレバ」はないとはいえ、それはしばしば考えてしまいます。

［第４章］

「近代日本」とは何か

お雇《やと》い外国人の給与は東大教授六人分

出口　ペリー来航の直後に阿部正弘が描いた開国・富国・強兵という新しい国家のグランドデザインは、幕府から薩長へと権力者の交代を経て、大久保利通が引き継ぐ形になりました。明治維新の中で、日本の近代化を進める上で大きなきっかけになったのは、やはり岩倉使節団だと思います。

半藤　そうですね。まず先進国のやり方を学ぶことから始めました。

出口　たとえば、産業革命。開国した日本は、まず交易で儲けなきゃあかんということで、絹の富岡《とみおか》製糸場などに代表される軽工業から始めるわけですよね。織物から始めたのは、最初に産業革命を起こしたイングランドもそうでした。欧米列強の真似をしたのです。

岩倉使節団で僕が面白いと思うのは、訪問した国の順番なんですよ。よく、明治の近代化にはドイツの影響が大きいといわれていますよね。憲法を作るときにプロイセンを参考にしたことがそういわれる大きな要因だと思いますが、岩倉使節団が訪問した順番は、アメリカ、大英帝国、フランス、ドイツでした（図8）。これ、実は当時のGDPが大きい順に行っているんですね（図7）。この順番を誰がどう決めたかはわからないんですが、おそらく新政府の人々は、アメリカが世界の最先端の国だとわかっていたのでしょう。アメリカから黒船が来たことが開国のきっかけだったということもあるかもしれませんが。

プロイセンは列強四カ国のうち最後なんですよ。森鷗外《もりおうがい》がベルリンに行くなど、当時の留学生はドイツへの憧れが強かったというイメージが強いのですが、実際に留学した人数を見ると、アメリカが圧倒的に多いんです。

【図7】世界各国の購買力平価GDPの推移

	1870年		1900年	
アメリカ	98,418	8.72%	312,886	15.82%
大英帝国	95,651	8.48%	176,504	8.92%
フランス	71,419	6.33%	115,645	5.84%
ドイツ	44,101	3.91%	99,227	5.01%
イタリア	40,900	3.62%	58,799	2.97%
ロシア	83,646	7.41%	154,049	7.79%
中国	187,175	16.59%	260,600	13.18%
日本	25,505	2.26%	50,045	2.53%
全世界合計	1,127,876	100.00%	1,976,876	100.00%

（単位：100万　1990年国際ドル）

アンガス・マディソン著『世界経済の成長史1820～1992年』（東洋経済新報社、2000年）より引用。

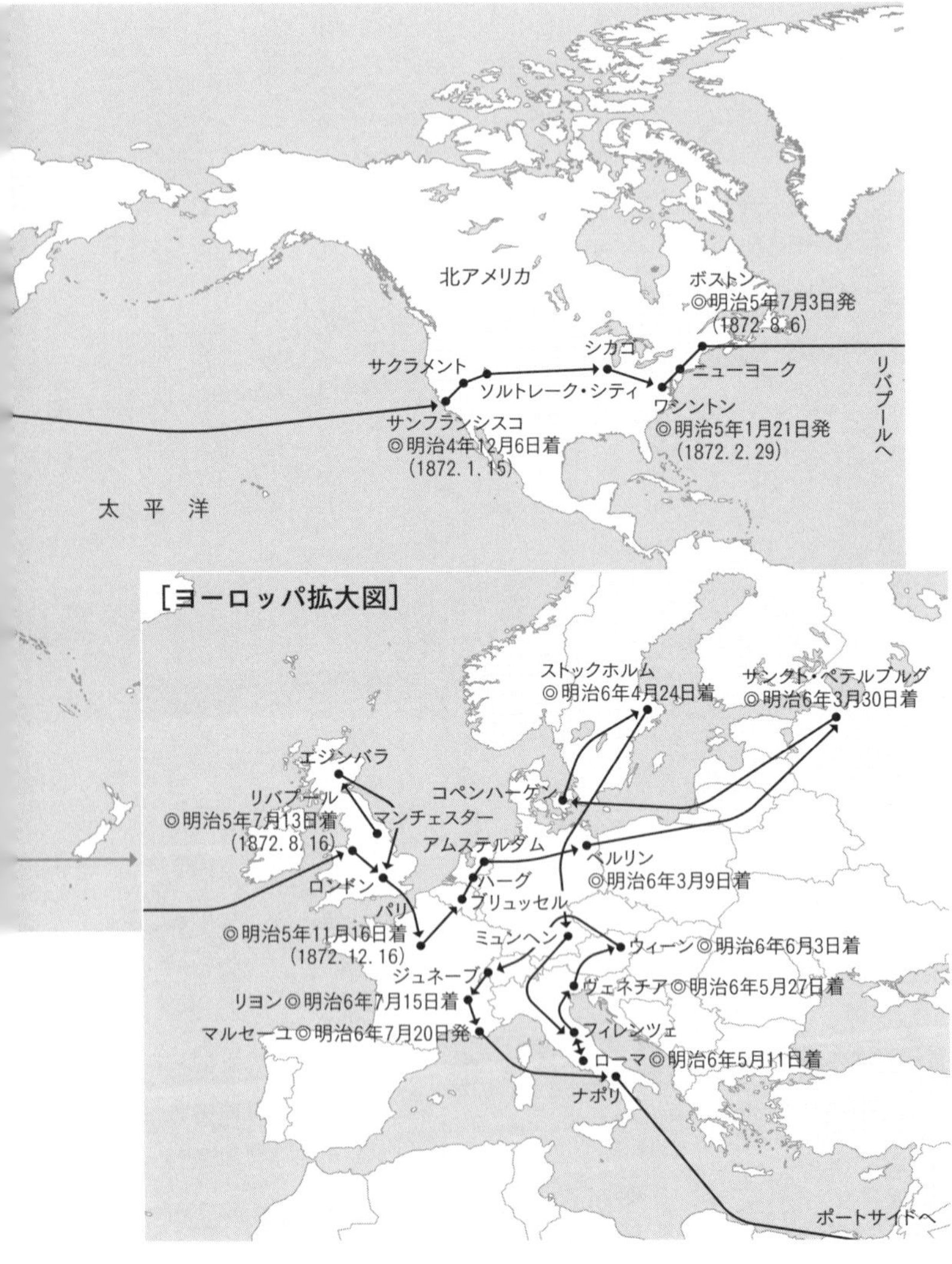
北アメリカ
ボストン
◎明治5年7月3日発
(1872.8.6)
シカゴ
サクラメント
ニューヨーク
ソルトレーク・シティ
ワシントン
◎明治5年1月21日発
(1872.2.29)
サンフランシスコ
◎明治4年12月6日着
(1872.1.15)
リバプールへ
太平洋
[ヨーロッパ拡大図]
ストックホルム
◎明治6年4月24日着
サンクト・ペテルブルグ
◎明治6年3月30日着
エジンバラ
リバプール
◎明治5年7月13日着
(1872.8.16)
マンチェスター
コペンハーゲン
アムステルダム
ベルリン
◎明治6年3月9日着
ハーグ
ロンドン
ブリュッセル
パリ
◎明治5年11月16日着
(1872.12.16)
ミュンヘン
ウィーン◎明治6年6月3日着
ジュネーブ
ヴェネチア◎明治6年5月27日着
リヨン◎明治6年7月15日着
マルセーユ◎明治6年7月20日発
フィレンツェ
ローマ◎明治6年5月11日着
ナポリ
ポートサイドへ

【図8】岩倉使節団の足跡

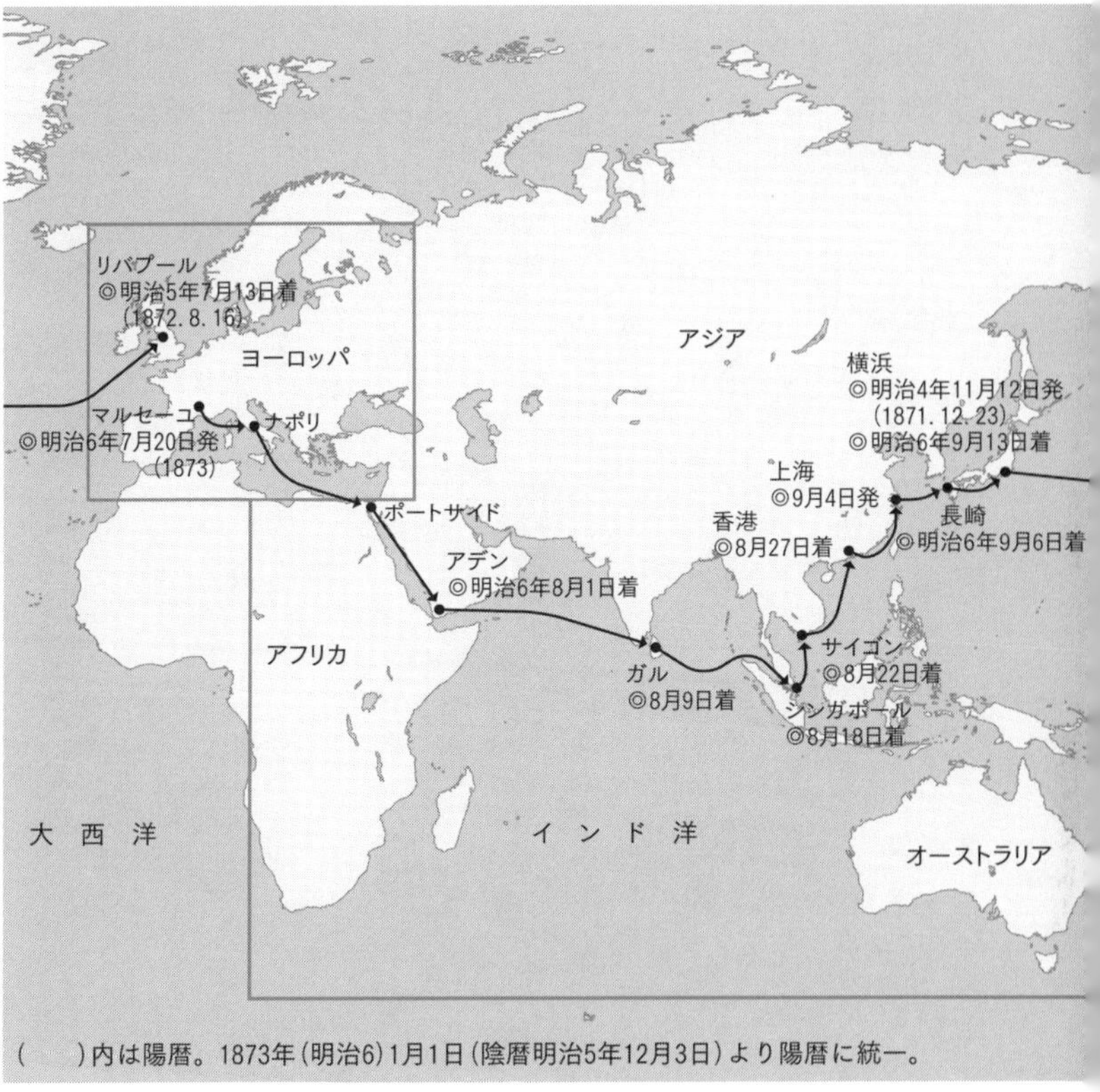

『堂々たる日本人』(祥伝社刊)掲載図を参考に作成。

半藤　なるほど、そうなんですね。

出口　そういう意味では、明治政府は世界の実勢をきちんと知っていたのだと思います。欧米の技術や制度を輸入するために官庁や学校にいわゆる「お雇い外国人」を招いたのも、いかに日本が遅れているかということをよくわかっていたからでしょう。

半藤　外国人を呼んで教わったほうが早いと考えたんでしょうね。英語教師として働いた小泉八雲《こいずみやくも》ことラフカディオ・ハーン（一八五〇〜一九〇四）にしろ、陸軍が兵学教官として招聘《しょうへい》したクレメンス・W・J・メッケル（一八四二〜一九〇六）にしろ、ムチャクチャに高い給料を払っていました。

出口　いまの感覚でいえば、年俸はおそらく数千万円はあったのでしょうね。

半藤　給料があまりにも高すぎたので、いつまでも外国人を雇っているわけにはいきません。それで、明治政府は留学生をどんどん送り出すようになりました。明治三三年（一九〇〇年）にロンドンに留学した夏目漱石《なつめそうせき》（一八六七〜一九一六）もそのひとりです。そのときはまだ「夏目金之助《きんのすけ》」ですけどね。その夏目金之助が帰国して先生になったせいでラフカディオ・ハーンが追い出されたと言う人もいるんですが、そういうことじゃありません。なにしろラフカディオ・ハーンひとりを辞めさせれば、夏目漱石クラスの教授が五人も雇えたそうですからね。ハーンの月給は四〇〇円、これにたいして夏目金之助なら年俸八〇〇円でOKなのです。これは仕方がないでしょう。そうやって日本人の先生を育て、お雇い外国人と交代させないことには、日本の財政は持ちません。

出口　ラフカディオ・ハーンひとりで東大教授六人分の給与をもらっていたとすると、やはりいまの感覚だと年俸六〇〇〇万円ぐらいにはなりますよね。

半藤　いま東大教授の年俸は一〇〇〇万より多いでしょうから、もっと大きな額になるかもしれませんけどね。

「脱亜入欧《だつあにゅうおう》」を可能にした日本語による高等教育

出口　岩倉使節団のようにみんなを外国に送り込んで学ばせるわけにもいかないので、最初は高額な給与を払ってでも外国人の教師を呼んでいたわけですよね。先進国の技術や知識を取り入れないと大変なことになる、という危機感があったのでしょう。ところで、その頃に生まれた「脱亜入欧」というスローガンは誰が考え出したものなのでしょうか。

半藤　言葉そのものは誰が言い出したかわかりませんが、少なくとも岩倉使節団のメンバーはみんな「入欧」という意識を持っていただろうと思います。なにしろ人数が多いので、その影響力は大きかったでしょう。特命全権大使の岩倉具視以下、副使として木戸孝允、大久保利通、伊藤博文、山口尚芳《やまぐちなおよし》（一八三九～一八九四）、そのほか書記官、理事官、随行など総勢四六人です。その中には、のちにジャーナリストや劇作家としても活躍した幕臣の福地櫻癡《ふくちおうち》（一八四一～一九〇六）、林董《はやしただす》（一八五〇～一九一三）、土佐藩の佐々木高行《ささきたかゆき》（一八三〇～一九一〇）、田中光顕《たなかみつあき》（一八四三～一九三九）、薩摩の村田新八、長州の山田顕義《やまだあきよし》（一八四四～一八九二）、盛岡藩の大島高任《おおしまたかとう》（一八二六～一九〇一）など、あとで偉くなる人たちがずらーっと顔を揃えていました。それに加えて、留学生も四二人。その中には、のちに自由民権運動の理論的指導者となる中江兆民《なかえちょうみん》（一八四七～一九〇一）の名前もあります。

出口　わずか六歳の津田梅子《つだうめこ》（一八六四～一九二九）も随行してアメリカに留学しました。

半藤　その大人数で、先ほど挙げていただいたアメリカ、イギリス、フランス、ドイツ以外にも、ベルギー、オランダ、ロシア、デンマーク、スウェーデン、オーストリア、イタリア、スイスと全部で一二カ国を訪ねたわけです。こういう経験をすれば、どうしたってヨーロッパに教えてもらわないといけないと思うでしょう。ですから「入欧」という方向性は早い段階から定まっていたと思います。とにかく「追いつき、追いこせ」です。

出口　のちに第一次伊藤内閣で初代の文部大臣を務めた森有礼《もりありのり》（一八四七〜一八八九）が、明治初頭に英語の国語化を唱えましたよね。英語を国語にしようという主張ですが、その話を初めて聞いたときには「なんてアホなことを言う人だろう」と思いました。でも、その考えをよくよく調べてみると、僕なんかより森有礼のほうがはるかに賢いんです。

というのも、欧米の知識を取り入れようとすると、もともと日本語には存在しない概念（言葉）がたくさんあるわけですね。その概念自体が存在しなければ、言葉も存在しないわけです。たとえば「民主主義」などという概念は当時の日本語にはなかったので、英語から翻訳することもできません。だから日本語を使うのをやめて、英語でそのまま教育したほうが早いと森有礼は考えたのです。アフリカ等の発展途上国が英語で教育を行なっているのも同じ理由によるものです。

しかし、徳川慶喜に仕えた哲学者の西周《にしあまね》（一八二九〜一八九七）をはじめとする学者たちが和製漢語を創出して外国語の概念を日本語に翻訳できるようにしたことで、森が主張した英語国語化論は不要になりました。いま僕たちが当たり前に使っている「芸術」「科学」「理性」「知識」「概念」などといった言葉は、いずれも西周が考案したものですよね。政治制度についても、たとえば「リパブリック」を「共和政」と翻訳するようになりました。これは中国で周《しゅう》の時代に活躍した共伯和《きょうはくわ》という人物の名前から取ったものです。漢字はひとつひとつが意味を持っているので、うまく組み合わせると外国語の概念を表現できる。造語能力がものすごく高いのです。これはとても幸運なことでした。アジアやアフリカの多くの国ではいまでも英語やフランス語で教育をしていますが、それは現地語で外国語の概念を翻訳できないからなんですよ。実は中国は、日本が作った和製漢語をその後流用して教育を行なうようになるんです。

半藤　たしかに、日本語はさまざまな概念をきちんと表わすことができますよね。森鷗外や夏目漱石も、そこで大きな役割を果たしました。私はどの言葉をこの二人が考案したのかをちょっと調べたことがあるんですよ。結果として、たとえば鷗外は交響楽《シンフォニー》、詩情《ポエジー》、空想《ファンタジー》、民謡《バラード》、女優《アクトレス》、長編小説《ノベル》、短編小説《コント》……。漱石が不可能《インポシブル》、経済《エコノミー》、価値《バリュー》、連想《アソシエーション》、打算《カルキュレーション》、電力《エレクトリック・パワー》、無意識《アンコンシャス》……なんかがそうであるらしいとわかりました。

そうやって日本語で外国の学問を教えられるようになったことは、教育水準を向上させる上で実に大きかったんです。明治以降、日本の文化レベルがそれこそ「脱亜」と呼べるぐらいまで一気に上がったのは、日本語で高等教育ができるようになったからなんですね。これは明治の人たちの大功績ですよ。近代日本の基礎を作ったといっていいほど重要な仕事だったと思います。

西南戦争後にシビリアン・コントロールを外した山縣有朋

出口　このように文化レベルを高め、殖産興業を進める一方で、近代日本は軍国主義に向かって行きました。当時の世界ではそれが趨勢《すうせい》だったのでしょうか。

半藤　これはひと言では語れませんが、簡単に結論だけ先にいえば、まったく日本だけに見られる独自の方向性です。そうなったきっかけは、西南戦争なんですよ。あのとき政府軍の参謀長だった山縣有朋は、戦場で何か事あるごとにいちいち政府の許可を得てから軍隊を動かしていました。山縣にとっては、それが大変余計な手間、面倒なことに感じられたんですね。臨機応変に戦うには、そんなことをしていたら間に合わない。だから、政府にお伺《うかが》いを立てずに独自に軍隊を動かしたいと考えたわけです。

出口　ということは、西南戦争のときは、「シビリアン・コントロール」（軍隊に対して、職業軍人以外の者が最高指揮権を持たなければならないという原則。文民統制）ができていたということですよね。山縣はそれを外したかったんですか。

半藤　結果的にはそうなんです。西南戦争のときは、政府が大阪まで出てきて、下関とのあいだを通信でつないでシビリアン・コントロールをしていました。電信のおかげでかなり便利になってはいたんですが、山縣はそれでも間に合わないという。だから西南戦争後に、軍隊の指揮権だけは政府から外してくれと主張したんです。

出口　のちの歴史で大問題になる「統帥権《とうすいけん》の独立」は、元を正せば山縣有朋が言い始めたことだったのですか。

半藤　そういうことになりますね。伊藤博文をはじめとして、頭の良い連中は「そんなことをしたら軍隊が独走して、国家の中に自分たちの国家を作るかもしれない。そんな危ないことはダメだ」と反対したのですが、山縣は「そんなことはしないよ。俺たちはおまえたちの仲間じゃないか」などと言葉巧《たく》みに誤魔化《ごまか》したんです。

出口　うーん。国家の制度を決めるのに、安易に心情に訴えられても困るんですけれどね。

半藤　そんなわけで、西南戦争の翌年に大久保利通が暗殺された後に、シビリアン・コントロールを外して、軍隊が政府から独立しちゃったんですよ。天皇陛下（大元帥陛下）の直属の組織になったわけです。こんな形で軍隊を置く国は、プロセイン（のちのドイツ帝国）のほか、少なくとも先進国、イギリスやフランスの中にはありません。世界の趨勢どころか、ある意味では日本独自のスタイルなんです。

しかも当時は陸軍と海軍に分かれておらず、ひとりの参謀部長が全軍隊を率いていました。その参謀部長が帷幄上奏権《いあくじょうそう》を握っていて、大元帥陛下から命令を直接いただくんです。その後、明治一八年（一八八五年）にそれまでの太政官《だじょうかん》制度に代わって内閣制度ができ、初代内閣総理大臣には伊藤博文が就任しましたが、この帷幄上奏権は総理大臣がいようがいまいが関係ありません。軍隊のトップが自分の意思で大元帥に軍略を訴えて許可を得れば、内閣の意向などおかまいなしに勝手に動けるわけです。

出口　統帥権の独立はしばしば大日本帝国憲法の構造的な問題点として語られますが、そういう仕組み自体は一八八九年（明治二二年）に憲法が制定される以前から、いち早くでき上がっていたんですね。

半藤　ええ。これは山縣有朋だけの知恵ではないでしょうね。山縣の配下にいた頭の良い奴が、外国で習ってきて作ったんでしょう。

出口　やはりプロイセンを真似たんでしょうか。

半藤　そうでしょうね。プロイセンは軍の参謀本部が強い権限を持っていました。参謀総長には国王への帷幄上奏権が認められていて、事実上、首相や国会に諮《はか》ることなく軍事的な意思決定を行なうことができたんですね。山縣は早くからプロイセイン風の軍隊にしようと考えていました。さきにふれた元腹心だった四将軍を強引にクビにしたのもそのためです。四将軍はフランス軍制の支持派でしたから。

出口　それがそのままドイツ帝国にも引き継がれて、第一次世界大戦の敗因のひとつになったともいわれています。軍隊を政治的にコントロールできなくなってしまったんですね。

半藤　大日本帝国憲法はそのプロイセンの憲法を参考にしたわけですが、日本の統帥権は憲法制定の数年前から独立していました。憲法の条文は、その現状を追認したようなものですね。軍に関する条文は、二つしかありません。「天皇ハ陸海軍ヲ統帥ス」とした第一一条と、「天皇ハ陸海軍ノ編制及常備兵額ヲ定ム」とした第一二条です。統帥権はもちろん、軍隊の編制や予算も天皇に直属するので、政府は関係ないんです。

軍国主義の下地をつくった統帥権の独立はここで登場した

出口　そんな仕組みを先に作った山縣有朋は、ある意味では有能だったんですね。国家にとっては困った能力ですけれど。

半藤　派閥を作ったり、自分に有利な仕組みを作ったりすることに関しては、きわめて有能でしたね。

出口　おそらく、軍事的にシビリアン・コントロールが邪魔だったというより、軍隊を自分の思いどおりに動かせる権限を手に入れることで、政府を取り仕切っている伊藤博文と張り合いたかったんでしょうね。

半藤　おっしゃるとおりです。伊藤のほうも、シビリアン・コントロールを外すことに反対はしたものの、統帥権の独立がそんなに重大な問題だとは思っていなかったようで、最終的には許可しちゃったんですよね。しかし統帥権の独立と帷幄上奏権を認めてしまったら、軍における参謀本部長は政府における内閣総理大臣に匹敵する地位ですよ。そのポジションに、山縣はさっさとみずから就任してしまったんです。

出口　自分のポストを自分で作ったんですね。

半藤　西郷さんの弟子とは思えないほど、権力欲の強い男だったんでしょうね。

出口　西郷さんがあまりにも権力に対して淡泊だったので、それを反面教師にしたのかもしれませんが（笑）、まあ、山縣自身がもともとそういう性格だったんでしょうね。

半藤　ですから日本の軍国主義は、本格的な立憲国家が成立する前に、山縣有朋という個人の野心的な性格によってポンとできちゃったんです。

出口　明治政府は、開国・富国・強兵の政策を優先して、憲法制定や議会の開設を後回しにしていたわけですが、もし憲法がもっと早い段階で制定されていたら、統帥権の独立はなかったかもしれませんね。

半藤　そうかもしれません。憲法を制定するときに、統帥権が独立していることはみんなわかっていたんですが、とくに問題は起きていなかったんですね。だからそのまま憲法でも独立させてしまったのでしょう。

出口　伊藤と山縣は「俺たちは同じ松陰門下生の仲良しだから、勝手なことはしないよな」というそれなりの信頼関係があったから問題なかったんでしょうけれどね。

半藤　しかし、その伊藤と山縣がいっぺんだけ喧嘩したことがあるんですよ。

出口　いつですか。

半藤　明治四三年（一九一〇年）の韓国併合のときです。伊藤博文はそのとき韓国統監を引き受けさせられたんですが、まだ朝鮮半島情勢は安定していなかったので、伊藤としては韓国へ出向くとき、いざというときのために軍隊の指揮権がほしかったんですね。ところが「現地軍の指揮権を総督に与えてくれ」と頼むと、山縣は「許さん」と言う。「統帥権はあくまでも天皇直属の参謀本部が持っている」と言って、大喧嘩になるんです。本当は、このときにシビリアン・コントロールの意味について丁寧に議論して、諸外国と同じような制度を導入すればよかったんでしょうけどね。

出口　欧米の先進国では、アメリカは独立以来、憲法で文民統制を定めています。欧州ではクラウゼヴィッツが『戦争論』で政治の軍事に対する優位を説いている。わが国は、たった一度の大喧嘩で、文民統制のチャンスを潰《つぶ》してしまったんですね。

半藤　最後は、とうとう伊藤が明治天皇に訴えるんですよ。それで明治天皇が山縣を呼んで説得したんですね。おまえたち二人は同じ松陰門下生として車の両輪のように国家を作ってきたんだから、今回だけは許してやれ、と。天皇にそう言われたら仕方がないので、山縣も「今回だけですよ」と朝鮮半島での軍隊指揮権を伊藤に与えることにしました。しかし、大正から昭和の敗戦にいたるまで、本当にそれ一回だけです。それ以外はシビリアン・コントロール一切なしでした。

出口 朝鮮併合のときにきちんと制度化すればよかったのに、二人の個人的な人間関係で話をまとめて、お茶を濁《にご》してしまったわけですね。

半藤 最後はやっぱり「松陰門下」が物をいったわけです(笑)。

出口 吉田松陰のせいではないとはいえ、罪作りな話ですねぇ。

半藤 近代日本にどこかで悲劇があったとすれば、ここだったと私は思いますね。国家が形を成す前に、統帥権を独立させることで軍国主義の下地を作ってしまった。そういう意味では、西南戦争も後世にきわめて大きな影響を与えたといえます。あの内戦を経験しなければ、山縣有朋がそれを思いつくこともなかったわけですからね。

大日本帝国は薩長がつくって薩長が滅ぼした

出口 明治維新によって始まった近代日本は、「大日本帝国」と名乗って、いくつもの戦争を行ないました。大日本帝国という呼称自体は幕末に始まりますが、明治憲法によって正式な国名となります。そして、勝ち戦《いくさ》を重ねる中で、最終的には、一九四五年（昭和二〇年）の敗戦という悲劇につながっていくわけです。山縣有朋が画策した統帥権の独立が軍国主義を生んだのだとすれば、まさに「悲劇」の始まりとしかいいようがありませんね。

半藤　ですから私は、大久保利通がもっと長く生きていたら……と考えてしまうんです。

出口　たしかに、大久保がもっと長く明治政府のリーダーであり続けたら、伊藤と山縣が跡を継ぐこともなく、山縣が自分の権力のためにシビリアン・コントロールを外すこともなかったかもしれませんね。

半藤　しかし元はといえば、薩長が暴力革命によって政治権力を握ったところから始まったことではあります。

出口　半藤先生は日頃から「大日本帝国は薩長がつくり、薩長が滅ぼした」とおっしゃっていますね。

半藤　そう思っています。前の章でもお話ししましたが、大日本帝国の軍隊では上のほうの将校の大半を薩長の人間が占めていました。日清戦争（一八九四～一八九五）にしろ、日露戦争（一九〇四～一九〇五）にしろ、総指揮官以下、軍司令官クラス、師団長クラスを見ると、薩摩と長州の出身者がずらりと顔を並べていますよ。ほぼ全員が薩長といってもいいぐらいです。たとえば日露戦争も、旅順《りよじゆん》攻囲戦の乃木希典《のぎまれすけ》（一八四九～一九一二）と児玉《こだま》源太郎《げんたろう》（一八五二～一九〇六）は長州、乃木の下で第三軍の参謀長を務めた伊地知幸介《いじちこうすけ》（一八五四～一九一七）は薩摩、日本海海戦の東郷平八郎《とうごうへいはちろう》（一八四八～一九三四）も薩摩です。

出口　日清戦争と日露戦争は、日本の勝利に終わりましたね。

半藤　はい。薩摩と長州の指揮の下《もと》で、見事に勝ちました。日露戦争に勝利を収めた後、日本の国際的な地位は一気に高まり、いわゆる「五大国」（英米独仏日）の仲間入りを果たします。ついに「一等国」になったというわけで、日本人は大喜びしました。

出口　やっと徳川二〇〇年の鎖国の遅れを取り戻したわけですね。

半藤　その功績者は、みんな薩摩と長州ですね。彼らの多くが、前に紹介した「公侯伯子男」の華族になることができたのも、この功績によるものです。たとえば乃木さんは日清戦争の功績で男爵になっていましたが、日露戦争に勝った後は二階級特進で伯爵になりました。するとその下の伊地知参謀長も華族にしないわけにはいかないので、この人も男爵になるんですよ。

出口　そういうことなら、軍人のトップを薩長が占めていれば、華族も薩長が多くなるのは当然の成り行きですね。

半藤　はい。そうやって、日清戦争と日露戦争で活躍した人たちが華族になったわけです。日露戦争が終わったのが明治三八年で、その二年後の明治四〇年には陸軍から七六人、海軍からは三四人、文官から三〇人以上も華族になりました。ほとんどが薩長の出身者です。ここまでは大日本帝国も悪くなかったんですけどね。

出口　しかし、そのあとがおかしなことになってしまいます。

半藤　私は『坂の上の雲』を書いた司馬遼太郎さんと、幾度となく話し合ったことがあるんです。「司馬さん、その後に日本が悪くなっていくことをきちんと書かなきゃ、『坂の上の雲』は本当の意味で完成しませんよ」とね。私にそう言われて、司馬さんも「よし、書こう」とおっしゃって、ノモンハン事件のことを書こうとはしていたんです。結局、書きませんでしたけどね。

出口　それを半藤先生が引き継がれて、『ノモンハンの夏』（文春文庫）をお書きになったんですね。

半藤　いやいや、引き継いだというわけではありませんけどね。それはともかく、なぜ日露戦争以降の日本が悪くなったかといえば、その日露戦争自体をちゃんと総括しなかったからだと思うんですよ。しっかり記録して歴史を残そうとしなかった。

出口　日露戦争は勝ったとはいえ、実態は大苦戦でしたよね。

半藤　そうですよ。やっとこさ勝っただけで。アメリカ大統領の仲介で。

出口　あそこで講和に持ち込まなければ、日本には、もう戦争継続能力がありませんでした。

半藤　ところが〝見事に勝った〟としたものだから、都合の悪い事実を隠して見ないようにしたんです。後世に伝えられたのは神話的な美談や武談ばかりです。

出口　きれいな歴史だけ残したんですね。

日露戦争の講和は何が問題だったのか

半藤　たとえば乃木さんの第三軍が、旅順要塞を落とすためにムチャクチャな作戦を実行して、どれだけ多くの兵隊を死なせたか。ものすごく悪戦苦闘してようやく落としたんですが、「大和魂《やまとだましい》をもってする日本の白兵《はくへい》戦術は近代戦においても非常に有効であった」みたいな美談として語られていったんです。ここで本当の歴史を隠してしまったので、昭和の軍人たちは陸軍も海軍も真実を教わらなかったんですね。

出口 だからリアリズムがなくなり、科学的な裏付けのない根拠なき精神論や根性論に堕《だ》していったわけですか。

半藤 そうです。栄光の歴史を語る神話だけが伝えられてしまったんですよ。そのために、昭和の陸軍も「白兵戦と大和魂で勝てる」と考えるようになってしまったんですね。出口さんのおっしゃるとおり、戦争のリアリズムを忘れてしまうんです。最先端の近代兵器を前にしたら、大和魂で突撃しても勝てるはずがないんですけど。

出口 そのお話を伺っていると、西南戦争では近代精神によって西郷軍を蹴散《けち》らした政府軍が、昭和に入ると西郷軍になってしまったような印象を受けてしまいます。

半藤 まさにそういうことですね。西南戦争でそういうリアリズムを理解していたはずなのに、日露戦争後はそれをすっかり捨ててしまいました。

出口 しかし、日本には日露戦争を継続する能力がないことを、少なくとも当時の枢密院《すうみついん》議長だった伊藤博文は、正確に認識していましたよね。だからこそ、アメリカに金子堅太郎《かねこけんたろう》（一八五三〜一九四二）を派遣して、セオドア・ルーズベルト大統領にロシアとの講和を斡旋《あっせん》してもらうよう働きかけたわけです。戦争の終わらせ方を理解していたという意味では、大久保利通には及ばないにしても、伊藤にはそれなりの見識があったんですよね。

半藤　そうですね。伊藤だけではなく、たとえば日露戦争のとき海軍大臣だった山本権兵衛《やまもとごんべえ》（一八五二〜一九三三）なども、ちゃんと世界を見ていました。ロシアが南下してくれば、下手をすると対馬や壱岐も取られる可能性があるので、戦争はやらざるを得ない。しかし戦争を起こすのは簡単だけど終わらせるのは難しいとわかっていたので、いかに止めるかを彼らは本気で考えたんです。それでアメリカに仲介してもらうために、開戦前から人をどんどん送り込んだんですね。

出口　とくに金子堅太郎はルーズベルト大統領とはハーバード大学留学時以来の親友だということで、伊藤博文がものすごい金額のキャッシュを渡して開戦とほぼ同時に渡米させ、終戦の一年ほど前からワシントンでロビー活動をやらせていました。そうやって戦争を終わらせる方法を認識していたという意味では、リアリズムがあったんです。

半藤　ところが、そうやって懸命に終わらせる努力をした事実を歴史から消してしまったんですね。実際には、外務大臣の小村寿太郎《こむらじゅたろう》がポーツマスでロシアと交渉し、とにかく戦争は続行不能だから講和しかないということで、賠償金も求めない形で苦渋の決断をしたわけです。でも政府はそういう現実を国民に知らせませんでした。

出口　「勝った勝った」とだけ言って、戦意高揚を図《はか》っていたわけですね。だからポーツマス条約を結んだ小村寿太郎が帰国すると、右翼団体などから凄《すさ》まじい罵声《ばせい》が浴《あ》びせられ、暴徒と化した国民が日比谷《ひびや》焼き討ち事件を起こしました。僕は、極論すればあの事件がそれ以降の日本の命運を左右したひとつの大きな分水嶺《ぶんすいれい》だったと思っています。

　というのも、あの事件後、アメリカのセオドア・ルーズベルト大統領が日本嫌いになるんですよ。ルーズベルトは、国力や戦力の点では明らかにロシアのほうが日本より上なのに、金子堅太郎との友情に免じて、一対一ぐらいの対等な講和を斡旋してくれたわけですよね。いわば日本を依怙贔屓《えこひいき》してくれたのですから、日本の国民は自分に感謝するはずだ、と思うのが普通の人情でしょう。

半藤　それはもうその通りですね。

出口　ところが、そこまで親切にしたのに日本人は、「俺たちはロシアに勝ったのに、こんな講和を斡旋したルーズベルトはけしからん！」などと怒っている。ルーズベルトは「こんな国と仲良くできるのか」と思ったのではないでしょうか。ここで大日本帝国はアメリカ合衆国の友情を失うことになったのではないかと思うんですよ。

半藤　そこは本当に大事なところだと思います。せっかくアメリカが親身になって講和を斡旋してくれたのにね。

出口　日本人はそのアメリカを逆恨みしたのです。正確な情報を市民に与えていれば、そうはならなかったのに。

半藤　そりゃあ、「日本人はいったい何を考えているんだ」という話になりますよね。もう戦争を続けられなくなっていたのだから、講和して樺太《からふと》を半分もらっただけでも十分な成果だったんです。しかし日本人はそれでは満足せず、賠償金も寄越《よこ》せと言う。だからセオドア・ルーズベルト大統領は「日本人は欲をかきすぎだ」と嫌いになっちゃったんですね。日米関係はいっぺんにおかしくなっていった。その意味では、そのときすでに太平洋戦争への道が開かれていたんです。

「開国」というカードを捨てたのが近代日本の過ち

出口　あらためて整理すると、この「明治維新」という名の薩長革命の目指したビジョンは、阿部正弘のグランドデザイン通り、開国・富国・強兵の順番だったと思います。なぜ開国が最初に来るかといえば、近代産業国家をつくるために必要な化石燃料・鉄鉱石・ゴムという三要素がいずれも日本には産しないからです。国内には資源がないのですから、国を開いて外国から輸入するしかありません。だから、まず第一に開国なんですね。

そして開国によって交易を行ない、産業革命を起こして経済的に豊かになる。これが二番目の富国です。富国がうまくいけば、軍隊を養う余裕もできるというわけで、三番目に強兵が来るんですよ。開国なしに富国はかなわず、富国なしに強兵はあり得ません。日露戦争までは、まあ、うまくいったんです。

ところが日露戦争でギリギリの勝利を収めると、日本は第一のビジョンだった「開国」を捨て始めます。ロシアに勝って一等国の仲間入りを果たしたのだから、もう欧米にゴマをする必要はない、俺たちで独自に歩んで行けばいい、というわけです。

半藤　なるほど。開国を捨てると、幕末に脇に置いた攘夷《じょうい》が顔を出すわけですね。

出口　はい。開国を捨てて、富国と強兵だけで突き進んだ結果が、第二次世界大戦における敗戦でした。開国を捨ててしまったので、アメリカに石油を止められたら備蓄が底をついてしまって、一日ごとに国力が弱くなるものだから、「もう一日も早く戦争をやるしかない」というむちゃな話になってしまったんですよ。ですから、近代化の三つのカードのうち、開国という一番大切なカードを捨てたのが日本の間違いでした。その意味で、日露戦争は重大な分岐点だったと僕は思うんです。

半藤　たしかに、そうですね。

出口　ちなみに戦後は、あらためて三枚のカードを並べて、こんどは吉田茂《よしだしげる》が「強兵」というカードを捨てたんですよね。安全保障はアメリカに委《ゆだ》ねて、「開国」「富国」という二枚のカードで日本を立て直した。しかし正しい情報を市民に伝えないことが結果的には道を誤るというのは、いまの社会にも通じる話ですよね。都合の悪いこともきちんと伝えないと、市民はまっとうな判断ができません。

半藤　そうなんですよ。日露戦争が終わったときに、「われわれはロシアに賠償金を求められるような状態ではない」と国民にしっかり説明すべきでした。実際、国力が下がってしまっていて、日比谷で暴動を起こしている場合ではなかったんですからね。それがリアリズムというものでした。でも政治指導者としては、戦争を遂行するために国民から山ほど税金をむしり取っていますから、なかなか悪いことは言い出せないんですよ。

出口　それはそうかもしれません。

半藤　臥薪嘗胆《がしんしょうたん》というスローガンの下に、ものすごい重税を課していましたからね。

出口　おまけに外国から巨額の借金もしていました。

半藤　そうなんです。戦争が終わったら、その借金を返すためにまた税金を取りつづけないといけないんですよね。そのためにも「勝った勝った」と宣伝して、これから日本は永遠に発展していくのだから、いまは一等国民としての誇りをもって税金を納めてくれと言わざるを得なかった。

出口　どこまで正直に情報を出すかは、市民の成熟度によっても違ってくるでしょうから、難しい面はあるとは思いますけれど。それこそペリー来航のとき、阿部正弘が正直に「みんなの意見を出してくれ」と言ったら、収拾がつかなくなったりもしたわけですから。しかし少なくとも日露戦争のときは、やはり正直に伝えるべきだったと思います。リアリズムなしの精神論だけではどうしようもない世の中になっていることは、西南戦争の時点でわかっていたはずですからね。

薩長が始めた太平洋戦争を「賊軍」出身者が終わらせた

半藤　あえていえば、太平洋戦争を始めたときの海軍中央（海軍省と軍令部）の首脳部は、ほとんどが薩長の出身者なんですよ。

出口　そうじゃないのは、長岡出身の山本五十六《やまもといそろく》（一八八四～一九四三）ぐらいですね。

半藤　その山本は開戦時にはいわば現場監督で中央にはいませんでした。政策を決定する中央にあったのは、永野修身《ながのおさみ》（一八八〇～一九四七）という軍令部総長が土佐の人ですけど、それ以外はほとんど薩長ですね。しかしその連中が、みんな若い世代なので日露戦争の実態を知らないんです。ロシアに勝ったという栄光だけは知っていましたけど。

出口　神話の部分だけを教わってきたんですね。

半藤　そういう人たちが太平洋戦争に踏み切ったんですよ。それで真珠湾《しんじゅわん》攻撃をやってみたら成功したものだから、その永野という軍令部総長が「ほら見ろ、戦争はやってみなきゃわからないんだ」なんていう調子で威張《いば》ってたんですね。

出口　場当たり的ですねぇ。

半藤　しかも日露戦争のときと違って、この戦争をどうやって収めるかを誰も考えていないんです。だから私は、「大日本帝国は薩長がつくって薩長が滅ぼした」と言いたいんですよ。薩長の連中が軍国主義の下地をつくり、日清・日露の二つの大戦争にどうやら勝ち、さらに勝手な神話をつくり上げて、その後の日本をリードして、昭和の軍隊をあの無謀な戦争に追い込んだんです。

では、その戦争を収めたのは誰か。終戦時の総理大臣の鈴木貫太郎は薩長ではありません。彼が生まれた関宿藩《せきやど》を治めていた久世家《くぜ》は、代々の殿様が幕府の老中《ろうじゅう》を務めていました。徳川譜代《ふだい》の名門です。つまり「賊軍」に属するんですね。

出口　関宿藩からは、徳川慶喜の警護のために結成された彰義隊《しょうぎたい》に加わる者もいたそうですからね。

半藤　久世の殿様が大坂代官だった関係で、鈴木貫太郎自身は大坂で生まれたんですが、鳥羽伏見の戦いで慶喜が薩長軍の錦《にしき》の御旗《みはた》に恐れをなして江戸に逃げ帰ったとき、鈴木家の人たちも生後間もない貫太郎を連れて関宿に逃げ帰りました。つまり鈴木貫太郎は、幕末に「官軍」と「賊軍」ができたそのときに生まれた人なんです。

出口　いわば生まれたときから賊軍なんですね。

半藤　それから、その鈴木貫太郎内閣の海軍大臣だった米内光政《よないみつまさ》（一八八〇～一九四八）。この人も親は盛岡藩士ですから、賊軍です。

出口　陸軍大臣の阿南惟幾《あなみこれちか》（一八八七～一九四五）との敗戦をめぐる論争で、「一日も早く講和を結ぶべきだ」と主張したのが米内光政でした。

半藤　さらに、最後の海軍大将として戦争の終結に尽力した井上成美《いのうえしげよし》（一八八九～一九七五）も仙台藩の出身ですから、賊軍です。薩長の連中が終わらせ方も考えず無謀にも始めた戦争を最後に終わらせたのは、賊軍出身者たちなんです。いささか強引な論法ではありますけど（笑）、私はそういうふうに考えていますね。これに戦争の途中で戦死した長岡藩出身の山本五十六も加えてやりたいんです。彼が生きていて軍令部総長か何かになっていたら、戦争終結のために身を挺して頑張ったと思うんです。彼らはみんな戦争の悲惨を骨の髄《ずい》まで知っている人たちですからね。ある意味で、戊辰戦争に始まる「官軍」対「賊軍」の構図は、太平洋戦争が終わったときにひとつの決着を見たんです。

世界の情報をシャットアウトすると現実離れした妄想が膨《ふく》らむ

出口　こうしてペリー来航から第二次世界大戦における敗戦までをひとつながりの歴史として眺めてみると、教訓とすべきことが、いろいろと見えてくるような気がします。ここで半藤先生とお話ししていて僕がいちばん強く感じたのは、広く世界を見ることの大切さですね。

たとえば日露戦争を終わらせるとき、伊藤博文が日本とロシアの国力を冷静に比較して「ここで講和するしかない」と判断できたのは、やはり若いときに岩倉使節団の一員として世界を見てきたからだと思います。アメリカの国力の大きさがよくわかっていたからこそ、講和の斡旋をセオドア・ルーズベルトに頼むことになったのでしょう。

しかし第一次世界大戦（一九一四〜一九一八）が終わったあたりから、日本のリーダーたちはあまり世界を見なくなりました。ワシントン軍縮条約から脱退し、満洲事変を起こすなどして国際連盟からも脱退、「世界の孤児」のような状態になると、留学先もナチスドイツしかなくなってしまいましたよね。そうなると、世界のことが把握できなくなるんです。世界の国々に対してオープンな姿勢でいなければ、情報が入ってこない。情報がなければ、リアリズムも失われるんですよ。実際に世界に出て行かず、部屋の中にこもって考えているだけだと、現実離れした妄想が膨らむじゃないですか。

その意味で、近代日本のキーワードは一五〇年前から今日にいたるまでまずは「開国」だと思うんです。「鎖国」をしてしまうと、ロクなことになりません。来る者は拒《こば》まず、去る者は追わずという態度で社会をオープンに開いておかないと、重要な意思決定に不可欠な生きた情報が入らなくなると思うんですよ。

半藤　おっしゃるとおりです。昭和八年（一九三三年）に日本が国際連盟を脱退し、それ以降、困ったことに外国からの情報が全然入らなくなった。たとえば原子爆弾に関する情報。原爆製造の原理は日本でもわかったのですが、ウラニウム２３８とウラニウム２３５という重さの異なるものを分離する方法がわからない。それがわからないと、原爆をつくることはできません。世界の情勢を知らないと、学問がどこまで進んでいるのかもわからないわけです。そういう情報をシャットアウトしてしまったら、国際社会の中で国が生き延びることはできませんね。

出口　第二次世界大戦の事例では、一九三九年に独ソ不可侵条約が結ばれたときのエピソードが象徴的ですよね。それを受けて、当時の平沼騏一郎《ひらぬまきいちろう》首相は「欧州の天地は複雑怪奇」などと言って内閣総辞職をしてしまいました。きちんと世界から情報が入ってくる態勢を取っていれば、誰かが説明してくれたはずでしょう。「複雑怪奇」などと言って政権を放り出すようでは、外交は成り立たないですよね。

半藤　まったくです。情けない限りです。

出口　もっと酷《ひど》かったのは、一九三八年（昭和一三年）の「近衛《このえ》声明」です。対中戦争の和平提案に国民党の蔣介石《しょうかいせき》（一八八七〜一九七五）が応じないことに業《ごう》を煮やして「国民党政府を対手《あいて》とせず」と交渉打ち切りを宣言してしまいました。戦争をしている政府を相手にしないと言ってしまったら、戦争を終わらせることなどできるわけないじゃないですか。「あんたは誰と戦争やっとんねん」という話ですよ（笑）。蔣介石と戦争をしているなら、蔣介石を相手にしないとどうにもならないでしょう。誰がどう考えても不可解としか形容のしようのない声明でした。そんなことになってしまったのも、外からの情報が途絶していて、部屋の中で妄想だけが膨らんでいたからだと思いますね。

半藤　本当に、情報がないとおかしなことになりますね。明治の人たちは、岩倉使節団もそうだったように一所懸命に勉強していたので、世界情勢もそれなりによく理解していたんです。しかし昭和の日本人はあまりにも不勉強でした。

出口　勉強しに行く先がなかったのが大きいでしょう。国際連盟から脱退した国の人間を喜んで受け入れてくれる国はあまりありませんから。

半藤　アメリカもイギリスも受け入れてくれないから、海軍の人たちもみんなドイツに行くんですよ。でもドイツ海軍なんて、日本の海軍にとって勉強になるものは何もないんです。ではドイツに行った連中が何をやったかといえば、女を抱かせられていた（笑）。

出口　いまの言葉でいえば「ハニー・トラップ」ですね。

半藤　そうですそうです。みんなハニー・トラップに引っかかって、ドイツ贔屓《びいき》になって帰ってくるんですね。まったくもってバカバカしい話です。

明治維新の最大の功労者は誰か

出口　いつの時代であっても、情報をオープンにすることはとても大事だと思うのですが、そう考えると、この対談の冒頭で話した幕府の老中、阿部正弘のことがまた思い出されます。当時は鎖国をしていたので情報が足りず、幕府はアメリカが来日したときの準備を必ずしも十分にはしていませんでした。しかしそれでも、アヘン戦争で清《しん》（中国）がどうなったかは理解していたので、ペリーが来航してからの判断は早かったですね。阿部さんの頭の中では、すぐに「開国・富国・強兵」というグランドデザインが生まれました。そして阿部さんは、民衆を含めて広く意見を出すように求めたわけです。「万機公論に決すべし」というわけです。それが混乱のもとになってしまった面はあるとはいえ、オープンな情報環境をつくろうとしたこと自体は、長い目で見れば正しかったような気がします。

半藤　そうだと思いますね。立派な決断です。

出口　新しい国をつくっていくには、広く世界を見渡しながら、みんなが意見を出さなければいけないと考えた。そういう理念を体現して時代を大きく動かしたひとりが、勝海舟だったのではないでしょうか。

半藤　そういうことでしょうね。阿部正弘は堅物《かたぶつ》のイメージもあるけど、なかなか粋《いき》な人でもあったんです。私の地元、向島の名物に桜餅というのがあるんですが。

出口　長命寺《ちょうめいじ》の桜餅ですね。

半藤　それを売る茶屋の娘で店を手伝って働いているおとよという女性に、阿部正弘が惚《ほ》れてしまいましてね。しばらくは遠くから見守っていたんですが、自分以外にもおとよさんに惚れているライバルがいることを知って、取り合いになるんです（笑）。そのライバルが『南総里見八犬伝』という当時のベストセラーを書いた滝沢馬琴《たきざわばきん》であった、というのですからまことに大変です。結局おとよさんは阿部の側室になったといいますがね。本当かな。つまり、女好きという点でも、勝さんと似たところがあるのかもしれませんね。

出口　やはり開明的で大きな絵が描ける人は、カエサルのように女性にとっても魅力があるんでしょうね（笑）。ともあれ、幕末というと、維新の三傑や坂本龍馬といった人たちが注目されることが多いようですが、阿部正弘や勝海舟はもっと評価されていいですよね。新しい近代国家をつくる上では、阿部正弘やその理念を体現した勝海舟の貢献度がものすごく大きいと思います。実際に歴史を動かした人物に、もっと光を当ててもらいたい。薩長のリーダーも重要でしょうけれど、阿部や勝に代表される幕府側の人間が何を考えていたかをきちんと見たほうが、より深く明治維新という大きな出来事を理解できるような気がします。

半藤　阿部さんの場合、あの若さであれだけのことをやったのは凄いと思います。しかも阿部さんは、人材登用に積極的でした。勝海舟もそうですが、あの時代の人たちは外圧に対抗するために自己改革に取り組んだ。そこが偉いと思います。

出口　どちらかというと、「幕府を倒せ」というのは楽だと思うんですよ。関ヶ原からの積年の恨みもあるわけですしね。しかし幕府の中にいながら、二〇〇年も続いた鎖国という体制をみずから壊す改革を決断するのは、ものすごく勇気がいったと思います。その勇気が、阿部正弘にはありました。だから僕は、明治維新における最大の功労者は阿部正弘だと思っているんです。阿部正弘の描いたグランドデザインを実現した大久保利通が、二番目の功労者ではないでしょうか。

半藤　たしかに、古い体制を外から壊すのはそんなに難しいことではないでしょうね。しかし自己改革は容易なことではありません。

出口　徳川政権みずから鎖国をやめたのは本当に凄い決断です。しかもその「開国・富国・強兵」という自己改革の方向が真っ当で少しも間違っていないわけですよ。阿部正弘がそう考えていたとき、薩長は「尊皇攘夷」を叫んでいたんですからね。「昔の伝統的な社会に戻せ。外国人は殺せ」というわけですから、いまでいえばＩＳ（イスラム国）のようなものでしょう。もっとも、攘夷は破約、つまり条約改正を狙ったものだという意見もありますが。

半藤　おっしゃるとおりだと思います。その暴力性が、途中から「尊皇倒幕」に方向転換して、薩長革命につながりました。残念なのは、いちばんの功労者である阿部正弘も、二番目の功労者である大久保利通も、思いがけず早く死んでしまったことです。

出口　歴史は人が動かすものですから、その生き死にによって流れは大きく変わりますよね。そういう機微が、半藤先生とのお話を通じてよくわかりました。どうもありがとうございました。

半藤　こちらこそ、楽しく喋《しゃべ》らせていただきまして、ありがとうございました。

明治維新　書籍ガイド

半藤一利選 読むべき一五点

アーネスト・サトウ
『一外交官の見た明治維新』上下巻（岩波文庫）
史料として貴重なだけではなく読んでいてその時代と人物が彷彿《ほうふつ》として浮かんでくる面白さがある。わが愛読書のひとつ。

荒木昌保編
『新聞記事で綴る明治史』上巻（亜土）
まだ幼稚ともいえる記事ながら、きわめて率直に記されていて、それだけに明治初期の日本のかたちがよくわかる。

石井良助・朝倉治彦編
『太政官日誌』第六巻（東京堂出版）
明治新政府の整備いまだしのお粗末な日々が、そのままに綴られている史料として。

岡　義武
『黎明期の明治日本』（未來社）
碩学の名著。学問として読んでもよし、事実を知るために楽しく読んでもよい。同じ著者の『山県有朋』（岩波新書）もお奨めする。

大佛次郎
『天皇の世紀』1〜17（朝日文庫）
史料という史料を駆使して精細に描かれた幕末史。戊辰戦争終結ぐらいまでで絶筆となり、明治そのもの、つまり天皇の世紀には入っていないのが残念といえば残念であるが……。小説家大佛さんの傑作である。

勝 海舟
『氷川清話』（講談社学術文庫）
わが愛読書中のとびきりの愛読書。何度読んでも、勝っつあんの江戸弁の怪気焔を浴びることは心地よい。人間学として読むもよし。

西郷隆盛全集編集委員会編纂
『西郷隆盛全集』第一巻（大和書房）
維新の三傑のひとりは詩人でもあり言論人でもあった。この本は非常に貴重である。さりとて読んだからといって、西郷どんの人物の奥深さがすっきりとわかるわけではないが。

佐々木克
『戊辰戦争』（中公新書）
いわゆる皇国史観（つまり薩長史観）による幕末論ではなく、新しく広い視野をもった史書で、読んでタメになる。

渋沢栄一編
『昔夢会筆記』（平凡社）
徳川慶喜が晩年に彼をよく知る人々にだけ語った回想を筆記したもの。面白く読めるものではないが、とにかく貴重である。

下関市市史編修委員会校訂
『白石正一郎日記』
長州藩の御用商人で、下関（当時は馬関）で廻船問屋をやっていた人の日記。この邸を訪れた有名無名の各藩の志士の名が四〇〇人近く記されている。攘夷倒幕のエネルギーは萩にはじまり、山口で躍動し、下関で爆発した、といわれるわけがよくわかる。高杉晋作を中心に、坂本龍馬、桂小五郎らの活躍がほんとうによくわかる。

田中惣五郎
『大久保利通』（千倉書房）
この人なくして明治新政府は成立しなかった、といわれる稀代の政治家の本質を知るために、少々古いが、この本に限ると思っている。

橋本敏夫
『勝海舟戊申日記』（金鈴社）
談話では天衣無縫ともいえる海舟であるが、日記は備忘録といった感じで簡にして要を得た筆致で、淡々とつけている。面白味はそれほどないが、史料としては貴重である。

平尾道雄
『龍馬のすべて』（高知新聞社）
龍馬研究の第一人者の力作。字義どおり〝すべて〟が描かれているが、少しく贔屓《ひいき》にすぎるところもある。

松本清張
『象徴の設計』（文春文庫）
文豪が山縣有朋の全貌をえぐりだしたノンフィクション。ややきびしすぎると思われないでもないが、明治という時代をよく読み解くことができる。

村松　剛
『醒めた炎』全四巻（中公文庫）
維新の三傑のひとりの木戸孝允（桂小五郎）を主人公にして、激動の幕末・維新を描いたノンフィクション。司馬遼太郎が「逃げの小五郎」と評した少しく地味な男を通すと、あの時代はこう見えるのか、という面白さがある。

出口治明選　読むべき二〇点

明治維新については、労作がたくさん書かれていますが、ダイバーシティを重視してできるだけ多様な視点から明治維新を捉え直すことができるような本を選んでみました。なお、半藤先生の『幕末史』（新潮文庫）など、本文で取り上げた書籍は除外しました。

アーネスト・サトウ
『一外交官の見た明治維新』上下巻（岩波文庫）
明治維新を身をもって体験した英国外交官の回想録。貴重な一次資料。

青山忠正
『明治維新』（吉川弘文館）
日本近世の歴史第六巻。ペリー来航から西南戦争までを描く。明治維新を概観するには好適。

石井寛治
『日本の産業革命』（講談社学術文庫）
日本の近代化は、国家権力が上から工業化を推進しただけではなく、民間のブルジョワジーの力が大きかったことを実証する。

井上勝生
『幕末・維新』（岩波新書）
シリーズ日本近現代史の第一巻。東アジア世界全体の中で明治維新を位置付けた通史。

勝 海舟
『氷川清話』（講談社学術文庫）
本人の放談集。自在の語り口が幕末の世情を現前させる。

勝田政治
『大久保利通と東アジア』（吉川弘文館）
征韓論政変前後、大久保はいかなるビジョンのもとに東アジアの外交政策を領導したのか、に焦点を当てる。

加藤陽子
『それでも、日本人は「戦争」を選んだ』（新潮文庫）
明治以来の四つの戦争を支えた日本人の論理を追求する。

苅部 直
『「維新革命」への道』（新潮選書）
明治維新は江戸時代後期に既に準備がなされていたとする日本思想史の快著。

坂野潤治
『近代日本の出発』（新人物文庫）
西南戦争からの躍動する四〇年を扱った時代史。

坂本多加雄
『明治国家の建設』（中央公論社）
日本の近代シリーズ第二弾。征韓論、士族反乱、民権運動など揺れ動く時代を描く。

佐々木 克
『幕末史』（ちくま新書）
「尊皇攘夷」の意味を問い直し、挙国一致に向かう人々の軌跡を描く。

瀧井一博
『明治国家をつくった人々』（講談社現代新書）
伊藤博文と井上馨の立憲国家創出を中心に、多彩な人物が取り上げられている。

芳賀 徹
『明治維新と日本人』（講談社学術文庫）
比較文化の視点から、西洋文明に対峙した当時の日本人の内面に光を当てる。

藤田 覚
『幕末から維新へ』（岩波新書）
十八世紀末から明治維新が準備されていたことを論証した力作。こうした前史を理解すると明治維新がよくわかる。

麓 慎一
『開国と条約締結』（吉川弘文館）
いかにして鎖国が崩壊したのか。開国に至る対外政策の決定プロセスを検証する。

保谷 徹
『戊辰戦争』（吉川弘文館）
薩長が軍隊の近代化を進め、幕府軍に圧勝した背景が明らかにされる。キーワードは銃。

三谷 博
『愛国・革命・民主』（筑摩選書）
明治維新の経験から「普遍」を紡ぎ出そうとする力作。同じ著者の『明治維新を考える』（岩波現代文庫）も甲乙つけ難い。

安田 浩
『天皇の政治史』（青木書店）
天皇は政治プロセスの中でどのような役割を果たしたのか。近代天皇制のメカニズムを探る。

横山伊徳
『開国前夜の世界』（吉川弘文館）
日本近世の歴史第五巻。十八世紀末、小倉に現われた英国船を機に日本の対外政策の軌跡を論証する。

若桑みどり
『皇后の肖像』（筑摩書房）
近代国家建設のため、明治政府が天皇と皇后という表象の持つ力をいかに利用したかを世界史の中で読み解いた傑作。

あとがき

二〇〇三年に筑摩書房から『それからの海舟』、二〇〇八年に新潮社から『幕末史』という四六〇ページを超える厚い本をわたくしは上梓いたしました。いずれも一言でいって、「反薩長史観」といっていい、風変わりな見方にもとづく本で、当時にあっては反薩長のへそ曲り野郎めと思われたりしたようです。

ところが、ここ二、三年は「反薩長史観」的な本がやたらと大宣伝で売られだし、いまや反薩長は一種のブームとなっているかのようです。それでわたくしも二〇一五年に三笠書房から『もう一つの「幕末史」』という本を出してもらう後追いで、いやはやと呆れています。そんなこんなで、これら大売り出しの本の若い著者との対談の企画がいくつももちこまれてきました。しかし、すべて面倒なのであっさり断わることにしてしまいました。

もちろん「反薩長」の表看板をおろしたわけではありません。明治維新という美名がつけられていますが、少なくとも明治一〇年（一八七七）までは、幕末からの熾烈な権力争いのつづきであるという見方は不動ですが、しかしその反面で、明治の最初の一〇年間の日本人の近代化の努力は賞讃すべきもの、といわねばならないと考えるのです。幕末から明治にかけて、ほんとうによき人材がそろっていました。これら開明的な人たちは実によく勉強していたのです。別の見方をすれば、この時代の最大の政治的変革は何か、それは人材登用であった、そこが大事だと思うのです。

すでにいっぺん書いたことですが、門閥制度から脱却して、実力主義、実績主義でどんどんこれはという人物を幕府も各藩も起用した。これをいちばん主張したのは横井小楠であり、勝海舟ではなかったかと思います。それよりもいち早く断行したのが幕府の老中阿部正弘でした。極論すれば、組織の論理ではなく、すぐれた人材を登用すれば歴史は変わる、その手本が阿部のやったことであり、幕末・維新にはそのよき教訓があった、というわけなのです。

さらにはこうして登用された開明的な優秀な人たちが、とにかく二六〇年近くに及んだ幕藩体制を自覚的に壊していきました。あえて自己変革していった。もう封建体制では生き残っていけない、欧米列強のような近代国家をつくらなければ、もはやこの国の明日はない、世界のなかで生き残ってはいけないということを、武士階級がまことに素早く認識し、みずからを否定し改革していくことに躊躇《ちゅうちょ》することはなかった。つまり自己変革を積極的にやっていきました。そのことをいまの日本人も見習わなくては、とわたくしは痛切に思っているのです。

祥伝社の編集者栗原和子さんから出口さんとの対談の話があったとき、エッ、人並み外れたあの博学の方とまた、とちょっと逡巡しましたが、ただちに思い直しました。出口さんとは何度か座談会や対談でおつき合いをしましたが、そのすばらしく視野の広い、ごく真っ当な見方をされるお人柄にはただ感服していました。それにわたくしのもっとも弱点である経済的な観点が、びっくりするほど完備している方である。ならば、きっとあの動乱の時代にたいする新しい見方ができ、また広々とした展望のもとでの話が展開できることであろう、と大いなる期待が浮き上がってきたからです。それで二つ返事で「ＯＫ」といいました。

対談は、本書でみるとおり、幕末・維新史にいままでにない新味を加えるものとなり、わたくしはまことに勝手ながらひとりで、ひそかに喜んでいるのです。栗原さんには「お蔭様にて、ありがとう」とお礼を申しあげます。それにつけても、いまのこの国はよき人材が少なすぎるのではないか、ということへの憂えがいっそう強まりました。若い人たちに積極的に本を読んで日本と世界のことを勉強しようという意欲があまりないのではないか。いまの日本にはたして「自己変革の力」がありやなしや、それが八十八爺いの心配となっています。

二〇一八年三月吉日

半藤《はんどう》一利《かずとし》

本書関連年表

※日本の出来事については、太陽暦採用までは陰暦表記

一八四〇年		六月	アヘン戦争始まる（〜一八四二）。清政府、林則除を罷免
一八四二年		八月	アヘン戦争に敗れた清が英国と南京条約を締結。香港が英国領に
一八四四年		七月	アメリカが清と望厦条約を締結
一八四五年	弘化二年	九月	水野忠邦に処分が下る。代わりに阿部正弘が老中首座に就任
一八四八年		一月	ヨーロッパ革命（〜一八四九）
一八五三年	嘉永六年	六月	アメリカのペリーが艦隊を率いて浦賀に来航。開国を要求
			十二代将軍徳川家慶死去（享年六一）
		一〇月	徳川家定、十三代将軍に就任
			阿部正弘、幕政改革・学制改革に着手
一八五四年	嘉永七年・安政元年	一月	ペリー、再来航
		三月	日米和親条約締結
		五月	幕府、講武所創設
		八月	日英和親条約締結
		一二月	日露和親条約締結
一八五五年	安政二年	一月	福山藩、誠之館を開校
		一〇月	安政の大地震
			阿部正弘に替わり、堀田正睦が老中首座に就任
			幕府、長崎海軍伝習所を開く
		一二月	日蘭和親条約締結
一八五六年	安政三年	二月	幕府、蕃書調所を開く
		七月	ハリス、下田に来航し、初代アメリカ総領事に就任
		九月	清にてアロー号事件勃発
一八五七年	安政四年	六月	阿部正弘死去（享年三九）
		一〇月	ハリス、将軍家定と会見

一八五八年　安政五年	二月	堀田正睦、上洛。日米修好通商条約調印の勅許を奏請
	三月	孝明天皇、日米修好通商条約調印の勅許を拒否
	四月	井伊直弼、大老に就任
	六月	日米修好通商条約調印
		徳川慶福(家茂)、将軍の跡継ぎに決まる
	七月	将軍家定死去(享年三五)
		薩摩藩主島津斉彬死去(享年五〇)
	八月	水戸藩に「戊午の密勅」が下される
	九月	安政の大獄始まる(〜安政六年一〇月)
	一〇月	徳川家茂、十四代将軍に就任
一八五九年　安政六年	六月	長崎、箱館、神奈川の三港を開港
	一〇月	長州藩士吉田松陰、江戸にて死罪(享年三〇)
一八六〇年 安政七年・万延元年	一月	咸臨丸、アメリカへ出航
	三月	桜田門外の変、井伊直弼殺害される(享年四六)
	八月	前水戸藩主徳川斉昭死去(享年六一)
	一二月	アメリカ公使館通訳ヒュースケン、薩摩藩士に暗殺される
一八六一年 万延二年・文久元年	四月	和宮、内親王に(翌年二月、家茂と婚礼の儀)
		アメリカ、市民戦争(南北戦争)始まる(〜一八六五)
一八六二年　文久二年	四月	薩摩藩主の父島津久光、率兵上洛。幕政改革案を朝廷に提出
		寺田屋事件、島津久光が薩摩藩内の尊皇攘夷派を粛清
	七月	一橋慶喜が将軍後見職、松平慶永(春嶽)が政事総裁職に就任
		この頃、京都で攘夷運動が盛んになる
	八月	生麦事件
	閏八月	会津藩主松平容保、京都守護職に就任
	一二月	長州藩士高杉晋作ら、イギリス公使館を焼き討ち
一八六三年　文久三年	三月	将軍家茂、三代将軍家光以来二二九年ぶりに入洛
	四月	幕府、攘夷決行の期日を五月一〇日と発表

	五月	長州藩、下関を通過中の外国船を砲撃
	六月	高杉晋作、奇兵隊編成
	七月	薩英戦争
	八月	八月一八日の政変、薩摩・会津藩が攘夷派の長州勢を京都から追放
一八六四年 文久四年・元治元年	六月	池田屋事件
	七月	蛤御門の変
		幕府、西国諸藩に第一次長州征討の出兵を命じる
	八月	下関戦争、四国（英仏米蘭）艦隊に長州が降伏
一八六五年 元治二年・慶応元年	二月	高杉晋作ら、長州藩の実権掌握
	五月	坂本龍馬、長崎で亀山社中を結成
	九月	兵庫開港要求事件
	一〇月	通商条約勅許が下りる
一八六六年　慶応二年	一月	薩長同盟成立
	六月	第二次長州征討開始
	七月	将軍家茂死去（享年二一）
	九月	幕府と長州藩、休戦を協定
	一二月	徳川慶喜、十五代将軍に就任
		孝明天皇崩御（享年三六）
一八六七年　慶応三年	一月	明治天皇、即位
	四月	高杉晋作死去（享年二九）
	八月	この頃、「ええじゃないか」騒動が発生（～王政復古の大号令の日に止む）
	九月	薩摩、長州、安芸の三藩、討幕挙兵を密約
	一〇月	前土佐藩主山内容堂、大政奉還を幕府に建白
		薩長両藩に討幕の密勅（なるもの）が下る
		将軍慶喜、大政奉還の上表文を朝廷に提出
	一一月	近江屋で坂本龍馬（享年三三）と中岡慎太郎（享年三〇）が暗殺される

一二月　王政復古の大号令
　　　　小御所会議、徳川慶喜の辞官納地が決定

一八六八年　慶応四年・明治元年

一月　鳥羽伏見の戦い（戊辰戦争始まる）
二月　徳川慶喜、上野寛永寺に謹慎
三月　西郷隆盛と勝海舟、江戸城開城について会談
　　　「五箇条の御誓文」、「億兆安撫国威宣揚の宸翰」発布。明治政府発足
　　　勝海舟、イギリス公使パークスと会談
四月　江戸城無血開城
閏四月　政体書公布、太政官制を布く
五月　奥羽越列藩同盟成立
　　　上野彰義隊の戦い
七月　江戸を東京と改称
　　　長岡城が再陥落
九月　年号を明治と改元、一世一元制とする。会津藩、盛岡藩など降伏し奥羽戦争終結

一八六九年　明治二年

一月　薩摩藩、長州藩、土佐藩、肥前藩藩主が連名で版籍奉還の上表を提出
三月　明治天皇、東京着
五月　箱館五稜郭の戦い、榎本武揚らが降伏し終わる（戊辰戦争終結）
六月　版籍奉還
七月　官制改革、神祇・太政の二官、民部・大蔵などの六省などを設置

一八七一年　明治四年

二月　御親兵（後の近衛部隊）創設
七月　廃藩置県
一一月　岩倉使節団、欧米へ出発

一八七二年　明治五年

二月　兵部省解体、陸・海軍省創設
八月　学制公布
九月　新橋～横浜間で鉄道が開業
一二月　陰暦をやめて陽暦を採用

一八七三年	明治六年	一月	徴兵令公布
		六月	征韓論が閣議の議題に上がる
		七月	地租改正条例公布
		九月	岩倉使節団、帰国
		一〇月	遣韓の議、白紙撤回、西郷隆盛、征韓論争に敗れる 参議、軍人など多数が辞職する大政変起こる（明治六年の政変）
一八七四年	明治七年	一月	板垣退助ら、民撰議院設立建白書を提出
		二月	佐賀の乱
		五月	台湾出兵
一八七五年	明治八年	二月	大阪会議にて三権分立など新体制が決まる
		五月	樺太・千島交換条約締結
		九月	江華島事件
一八七六年	明治九年	三月	帯刀禁止令（廃刀令）公布
		一〇月	神風連の乱、秋月の乱、萩の乱
一八七七年	明治一〇年	一月	西南戦争勃発
		五月	木戸孝允死去（享年四五）
		九月	西郷隆盛自刃（享年五一）、西南戦争終結
一八七八年	明治一一年	五月	大久保利通、暗殺される（享年四九）
		一二月	参謀本部設置（参謀局が参謀本部となり、陸軍省から独立）
一八八〇年	明治一三年		この頃から「明治維新」という言葉が使われるようになる
一八八一年	明治一四年	一〇月	板垣退助、自由党結成
一八八五年	明治一八年	一二月	内閣制度制定、伊藤博文が初代内閣総理大臣に就任
一八八九年	明治二二年	二月	大日本帝国憲法公布

明治維新《めいじいしん》とは何《なん》だったのか
——世界史《せかいし》から考《かんが》える

平成30年5月10日　初版第1刷発行

著　者　半藤《はんどう》一利《かずとし》
　　　　出口《でぐち》治明《はるあき》

発行者　辻　浩明

発行所　祥《しょう》伝《でん》社《しゃ》
〒101-8701
東京都千代田区神田神保町3-3
☎03(3265)2081(販売部)
☎03(3265)1084(編集部)
☎03(3265)3622(業務部)

印　刷　堀内印刷

製　本　ナショナル製本

ISBN978-4-396-61648-9 C0021

祥伝社のホームページ・http://www.shodensha.co.jp/